KB273303

_________________ 님께

하나님께서 맡기신 삶과 재정을
지혜롭게 세워 가려는 그 걸음을
진심으로 응원합니다.

재정 교육 없이 사역 현장에 뛰어들어 가정과 사역 모두에 부담을 지우는 목회자를 많이 보아 왔습니다. 깊은 신앙과는 별개로 재정에 대한 지혜 부족은 결국 사역의 지속성까지 흔들 수 있습니다. 이 책은 바로 이러한 문제를 성경적 관점과 실제적 방법으로 풀어내고 있습니다. 저자는 자신의 경험과 통계를 토대로, 저축만으로는 인플레이션에 대처할 수 없으며, 요셉처럼 미래를 준비하는 재정에 대한 지혜가 오늘의 목회자들에게 꼭 필요함을 설득력 있게 제시합니다.

이 책은 투자 안내서를 넘어, 목회자와 성도가 재정적으로 자립하여 가정과 사역을 지키고 더 많이 베푸는 삶으로 나아가도록 도와줄 필독서입니다. 한국 교회의 목회자와 신학생, 그리고 재정을 바로 세우고 싶은 성도들에게 기쁘게 추천합니다.

김진수 장로 | 2008 성공한 아시아 기업인 50인상·언스트앤영(Ernst & Young) 기업인상 수상, 《선한 창업가》 저자

장일 목사님을 처음 만난 것은 광주 지역의 목회자 독서모임 '남수다'에서 였습니다. 깔끔한 인상과 유쾌하면서도 겸손한 태도가 눈에 띄었습니다. 어느덧 10년을 교제해 오면서 깊이 사색하고 현장의 고민을 남다르게 인 식하는 목회자임을 알게 되었습니다.

어느 날부터 장 목사님은 주식 이야기를 자주 꺼냈습니다. 처음에는 의아 했습니다. 우리 주변에서 듣는 대부분의 주식 이야기가 성공보다는 실패 로 귀결되기 때문이었죠. 그러나 그의 접근은 달랐습니다. 투자는 단지 돈 을 불리기 위한 도구가 아니라면서, 신앙의 자리에서 어떻게 이해해야 하 는지를 차분하지만 분명한 확신으로 풀어내며, 신앙과 재정을 분리해 온 제 오랜 인식을 다시 돌아보게 했습니다.

이 책은 재테크 서적에 머물지 않습니다. 한 목회자가 자신의 경험을 바탕 으로 써 내려간 성찰이자 한국 교회를 향한 담대한 제안이며, 하나님께서 우리에게 맡기신 청지기 직분을 다시 한번 돌아보게 하는 책입니다. 동시 에 누구나 따라 할 수 있도록 쓰인, 매우 친절하고 실천적인 안내서이기도 합니다.

재정적 어려움 속에서 사역을 감당하는 개척·미자립교회 목회자들, 경제 문제로 고민하는 성도들, 노후와 자녀의 미래를 준비하고자 하는 모든 이

들에게 이 책은 현실적인 대안과 성경적 기준을 제시해 줄 것입니다.

손희선 목사 | 열린벧엘교회 담임

여의도 자산운용 현장에서 일하며 수많은 투자서와 보고서, 논문을 접해 온 저의 시선에서 보아도 이 책은 특별합니다. 평범한 지역 교회 목회자가 쓴 투자 안내서임에도, 투자에 대한 방향과 태도가 매우 절제되고 책임감 있게 정리되어 있습니다. 특히 단기 수익을 좇는 과장된 성공담이 아니라 장기적인 관점에서 분산 투자하고 복리의 힘을 활용하는 성경적 원칙 위에서 신앙과 투자를 함께 고민하고 있다는 점이 인상 깊습니다.

한편, 한국 교회 안팎의 열악한 구조적 현실 속에서 저자가 겪어 온 삶의 애환과 눈물은 동료 목회자들에게 깊은 공감과 위로로 다가갈 것입니다. 나아가 경제적 자립을 위한 현실적인 대안을 제시한다는 점에서 이 책의 가치는 더욱 분명해집니다.

여전히 한국 교회 안에서는 재정과 투자에 대한 성경적 가르침이 충분히 다뤄지지 않고 있습니다. 이 책을 통해 더 많은 분들이 청지기적 재정관과 성경적인 투자를 배우고 경험함으로써 금융과 투자라는 영역 안에서도 하나님의 통치를 경험할 수 있기를 간절히 기도합니다.

유상훈 목사 | 루트엔글로벌자산운용 부장, 서울기독교세계관연구원 SIG 디렉터

원고를 받고는 한 호흡에 끝까지 읽어 내려갔습니다. 탐욕과 무한경쟁에 내몰린 이 시대 앞에서, 돈을 다루는 기준을 다시 묻지 않는다면 우리의

선택은 결국 흔들릴 수밖에 없습니다. 그런 점에서 이 책은 돈에 대한 성경적 가르침과 지혜를 배우기에 탁월한 입문서입니다.

요셉은 풍년의 때에 다가올 흉년을 준비했고, 그 지혜는 국경을 넘어 많은 생명을 살렸습니다. 저자는 이 성경적 통찰을 주식투자 원리로 끌어와 오늘날의 경제적 위기를 어떻게 대비해야 하는지를 설득력 있게 풀어냅니다. 이 책은 돈(주식)에 대한 이야기로 시작하지만, 어느 순간 신앙(성화)에 대한 이야기로 자연스럽게 옮겨 갑니다. 바로 그 지점이 이 책이 단순히 투자 안내서에 머물지 않는 이유이자 가장 큰 매력입니다.

예수님은 두 종류의 떡(마태복음 4:4)을 말씀하셨습니다. 리틀 헝거는 밥을 먹으면 해소되지만, 그레이트 헝거는 하나님의 말씀으로만 채워질 수 있습니다. 이 책을 곱씹으며 읽어 가는 독자라면, 예수님께서 말씀하신 두 종류의 떡을 발견하게 될 것입니다.

이재현 목사 | 충광교회 담임, 《들리는 설교 유혹하는 예화》 저자

저는 돈 이야기를 삼가는 것이 신앙의 미덕처럼 여겨지는 환경에서 자랐습니다. 형편에 맞게 살고 그 이후의 일은 하나님께 맡기는 삶이 바른 믿음의 태도라고 배웠죠. 그러나 가정을 이루고 한 교회의 담임목사로 사역하게 되면서 하나님께 맡긴다는 고백이 준비와 책임을 배제하는 말이 아니라는 사실을 뒤늦게 알게 되었습니다.

재정에 대한 무지와 준비 부족이 개인의 문제를 넘어 가정과 교회 전체에 실제적인 어려움으로 이어지는 경우를 적잖이 보게 됩니다. 특히 W그룹

폰지 사기 사건을 언론에 알리고 공론화하는 과정을 거치면서 이 문제의 심각성을 더욱 분명히 깨닫게 되었습니다. 금융문맹은 신앙의 성숙도와는 별개로, 성도와 목회자 모두를 위험에 빠뜨릴 수 있는 구조적 취약성을 지니고 있습니다.

주식투자에 대해 부정적이던 제게 저자의 통찰은 인식의 전환을 가져다주었습니다. 이 책을 통해 재정을 바르게 이해하는 일이 욕심이 아니라 책임이라는 사실을 깨달았고, 투기가 아닌 금융문맹에서 벗어나기 위한 첫걸음으로서 소액의 장기 투자를 시작하게 되었습니다.

저와 같은 고민을 안고 계신 분들, 투자에 관심은 있지만 투기로 오해받을까 망설이는 분들께 이 책은 두려움을 덜어 주고 안전한 첫걸음을 내딛게 하는 좋은 길잡이가 되어 줄 것입니다.

진일교 목사 | 광주제일침례교회 담임, 기독교한국침례회 이단사이비대책위원장

개미 목사의
주식투자 첫걸음

일러두기

- 이 책에서 소개하는 투자 관련 정보는 저자의 조언일 뿐이며, 투자의 모든 책임은 투자자에게 있습니다.
- 이 책에서 제공하는 정보는 2025년 하반기(6~12월)의 데이터를 바탕으로 하고 있습니다.

개미 목사의 주식투자 첫걸음

장일 지음

사자와 어린양

차 례

1부   이론편: 왜 투자해야 하는가?

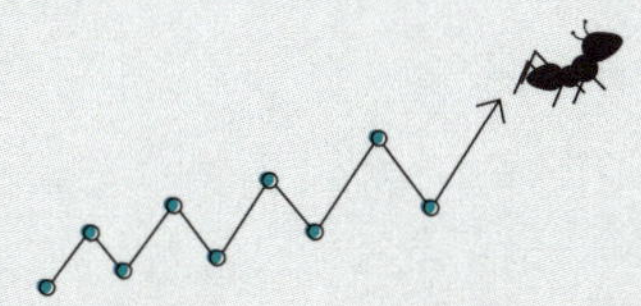

개미 목사 투자 여정기

본격적인 투자 이야기에 앞서, 왜 평범한 목회자인 제가 '주식투자'라는 다소 낯설고 세속적으로 보일 수 있는 세계에 발을 들이게 되었는지 그 이야기부터 나누고 싶습니다. 투자 이론이나 기법을 설명하기 전에, 제가 어떤 고민과 사연으로 이 여정을 시작하게 되었는지를 먼저 들려드리는 것이 이 책을 읽는 분들께 더 깊은 공감과 또 하나의 동기부여가 되리라고 생각하기 때문입니다.

제가 일곱 살이 되던 해, 부모님은 작은 족발집을 차리셨습니다. 남다른 조리법과 손맛 덕분에 가게는 금세 입소문을 타고 자리 잡았고, 몇 년 지나지 않아 새 아파트를 분양받을 만큼 형편이 나아졌습니다. 아마 그 가게를 계속 운영했더라면 지금쯤 건물 한두 채쯤은 거뜬히 올리셨을 겁니다.

그러나 하나님은 다른 길을 준비하고 계셨습니다. 아버지께서 목회자로서 부르심을 받으신 것이지요. 족발집이 한창 잘되던 시절, 아버지는 서울로 올라가 신학 수업을 듣기 시작하셨고, 결국 부모님은 약 4년 동안 이어 오던 가게를 접으실 수밖에 없었습니다.

그리고 제가 초등학교 5학년이 되던 해, 부모님은 낡은 상가 건물 2층에 교회를 개척하셨습니다. 비록 열악한 환경이었지만, 그곳에서 울려 퍼진 찬송과 기도 소리, 성도들과 나눈 웃음과 눈물은 여전히 따스한 기억으로 남아 있습니다. 그러나 그 아름다움의 이면에는, 늘 빠듯한 살림살이로 인한 팽팽한 긴장감이 그림자처럼 따라다녔습니다.

개척교회가 다 그렇듯, 재정적으로 넉넉할 리 없었습니다. 게다가 함께 시작한 교인 한 명 없는 상황이었기에, 매달 돌아오는 월세와 운영비, 그리고 네 식구의 생활비까지 감당하는 일이 숨 가쁘게 이어졌습니다. 돈이 부족할 때면 부모님 사이에 언성이 오르곤 했고, 가족들은 쓸쓸한 마음으로 하루를 넘기며 그 현실을 묵묵히 견뎌야 했습니다.

결국, 부족한 살림을 메우기 위해 어머니는 교회 사역과 식당 일을 병행하며 하루를 쪼개 쓰셨습니다. 특히 교회 이전을 준비하던 2008년에는 미국발 금융위기까지 겹쳐, 불어난 대출이자가 큰 짐

이 되었습니다. 그 무렵 어머니는 밤새 김밥집에서 일하고 아침에 돌아와 곧바로 주일예배를 준비하셨는데, 피곤함에 지친 어머니의 뒷모습은 지금도 제 마음속에 아련하게 남아 있습니다.

돌아보면 그 시절은 우리 가족 모두에게 참으로 고귀하면서도 고된 시간이었습니다. 우리 가족은 하나님을 신실하게 섬기며 살았지만, 현실 앞에 놓인 돈 문제는 늘 피할 수 없는 시험대였지요. 그 속에서 부모님과 우리는 수없이 고민했고, 결국 하나님을 붙잡으며 하루하루를 버텨 나갔습니다.

군 제대 후, 저 역시 아버지를 따라 목회의 부르심을 받았습니다. 앞서 걸어가신 부모님의 삶이 제게 믿음의 본질을 일깨워 준 소중한 유산임에도, 제 마음 한편에는 지울 수 없는 질문이 남아 있었습니다.

'목회가 영광스러운 부르심임에는 틀림없지만, 나도 부모님처럼 고단한 삶을 감내해야 하는 걸까?'

그리고 학창 시절 겪은 물질적 궁핍은 자연스레 '최소한의 경제적 자립'에 대한 갈망을 품게 했습니다.

그러나 냉정한 현실의 벽 앞에서 그 꿈은 조용히 사라져 갔습니다. 학부와 대학원 시절, 학자금대출 없이는 공부를 이어 갈 수 없을 만큼 삶은 항상 빠듯했습니다. 건강 문제로 사역을 잠시 내려놓고 지내던 어느 날, 변변한 수입이 없던 제게 여자 친구는 말없이 자신의 카드를 내밀었습니다. 지금 돌아보면 그 손끝에 담긴 마음은 어떤 말보다 더 깊은 신뢰와 사랑을 전해 주었습니다.

2015년 가을, 저는 카드를 건넨 그 친구와 평생을 약속했고, 2년 뒤 하나뿐인 딸을 선물처럼 품에 안았습니다. 세상 무엇과도 바꿀 수 없는 기쁨의 순간이었지만, 동시에 '가장'이라는 이름이 주는 책임감이 결코 가볍지 않았습니다. 당시 제가 교회에서 받던 사례비는 최저생계비에도 훨씬 못 미쳤고, 오랜 시간 크론병이라는 희귀난치성 질환을 앓고 있던 탓에 다른 일을 겸하기도 어려웠습니다. 결국 아내는 아이가 걸음마를 떼자마자 다시 직장으로 복귀해야 했고, 그 뒷모습을 바라보던 중 문득 어머니의 지난 모습이 떠올랐습니다. 생계를 위해 고단한 삶을 견뎌 내던 그 모습이 겹쳐지면서 제 안에는 설명하기 어려운 미안함과 무거운 책임감이 깊게 자리 잡았습니다.

그리고 2020년, 코로나19라는 전례 없는 재난이 전 세계를 멈춰 세웠습니다. 모두가 집에 갇혀 불안과 막막함을 견디던 그때, 뜻밖의 흐름이 한국 사회를 강타했습니다. 바로 '동학개미', '서학개미'로 불리며 국내외 증시로 몰려든 개인 투자자들의 주식 열풍이었습니다.

처음엔 그저 남의 이야기로만 들렸습니다. 그러나 시간이 갈수록 뉴스 헤드라인은 물론이고 유튜브 알고리즘, 친구들과의 대화,

심지어 교인들의 입에서도 주식 이야기가 오르내리기 시작했습니다. 마치 사회 전체가 '이제라도 시작하지 않으면 뒤처진다'는 분위기로 달아오르는 것 같았습니다.

그 흐름 앞에서 저는 당황했고 동시에 깊은 갈등에 빠졌습니다.

'명색이 내가 목회자인데, 과연 투자가 어울리는 일일까?'

'원래 주식은 세속적이고 탐욕적인 것 아닌가?'

'하나님을 신뢰한다면서, 다른 주머니를 차려는 내 마음은 결국 믿음 없음의 표현이 아닌가?'

하지만 시간이 지나 깨달은 것은, 이 갈등의 본질이 단순히 '투자'라는 행위 자체에 대한 도덕적 고민이 아니라는 점입니다. 오히려 제 안에 오래전부터 남아 있던 질문, 곧 '하나님을 신실하게 섬기며 살아가되 동시에 최소한의 경제적 자립을 추구할 수는 없을까?'라는 물음에 다시 맞닥뜨린 것입니다.

그 질문은 곧 제 삶을 돌아보게 했습니다.

'나는 지금껏, 하나님께서 내게 맡기신 자원을 얼마나 성실히 관리하며 살아왔는가?'

정직히 답하자면, 제 대답은 '아니요'였습니다. 저는 돈을 신앙과 별개의 문제로 치부하며, 막연하고 소극적으로만 다뤄 왔던 것입니다. 그래서 결심했습니다.

'이제는 더 이상 회피하지 말고, 신앙의 성찰 안에서 돈과 투자의 문제를 정면으로 마주해 보자.'

이후 몇 년간 책을 읽고 실제로 투자하며 시행착오를 겪는 과정 속에서, 믿음과 재정을 함께 세워 가는 성경적 투자관을 조금씩 정립해 나갈 수 있었습니다.

제가 주식투자에 관심을 두게 된 이유는 그저 돈을 더 벌고 싶어서가 아닙니다. 앞으로 자세히 다루겠지만 비록 적은 금액이라도 하나님이 맡겨 주신 자원을 지혜롭게 관리하고, 미래를 준비하며, 나눔을 통해 하나님 나라를 세워 가는 대안을 찾고 싶은 것입니다.

그렇기에 이 책은 단순히 투자 기술을 전수하려고 쓴 것이 아닙니다. 오히려 믿음과 돈을 어떻게 연결할 수 있을지에 대한 탐구와 실천의 기록입니다. 돈이라는 민감한 주제를 신앙의 빛으로 바라보며, 재정을 관리하는 일이 곧 영적 훈련의 연장선이라는 사실을 고백하는 이야기이기도 합니다.

결국 제가 이 무겁고 예민한 주제를 책으로 펴낸 이유는 하나입니다. 바로 "하나님을 신뢰하는 삶 안에서 경제적으로 지혜롭게 살아갈 수 있다"는 사실을 여러분과 나누고 싶어서입니다. 물론 하나님을 신뢰한다면 삶의 모든 영역에서 지혜롭게 살아가는 것이 마땅합니다. 그러나 현실에서는 신앙과 경제를 서로 다른 영역으로 분리해 이해하는 경우가 적지 않습니다. 이 책은 그 간극을 다시 잇고자 하는 작은 시도입니다. 부족하지만 이 책이 마중물이 되어 독자 한 분 한 분이 삶 속에서 구체적인 변화를 시작하고 믿음과 재정을 함께 세워 가는 용기와 통찰을 얻게 되길 소망합니다.

마지막으로 이 책이 나오기까지 힘이 되어 주신 분들의 얼굴을 떠올리며 감사의 마음을 전합니다. 먼저, 지금도 손수 가계부를 쓰며 검소하고 정갈한 삶의 본을 보여 주시는 존경하는 부모님 장영기 선교사님과 김금례 사모님께 이 책을 헌정합니다. '목사가 투자 책을?'이라는 우려 속에서도 진심 어린 우정으로 함께해 준 '남수다' 멤버들(서문원·이재현·진일교·손희선)의 격려를 잊을 수 없습니다. 매번 새로운 시도와 때로는 미숙하게 보였던 생각들까지 넉넉하게 품고 지지해 주신 팔로우교회 가족들과 리더십그룹(정종수·박지영·김대은·장유정)에게 마음 깊이 고마움을 전합니다. 그리고 무엇보다, 제 삶에서 가장 큰 기쁨과 위로가 되어 준 아내 재인과 딸 채린에게 변함없는 사랑을 고백합니다.

2026년 1월

빛고을 광주에서 개미 목사 장일 올림

주린이를 위한
주식 용어 첫걸음

기본 개념 Basic Concepts
주식투자에서 가장 기초가 되는 핵심 개념

주식회사 Corporation　여러 투자자가 돈을 모아 설립한 회사 형태로, 회사의 소유권이 주식으로 나뉘어 있다. 즉, 주식을 가진 사람은 그 회사의 일부를 소유한 셈이다.

주식 Stock　기업이 자금을 모으기 위해 발행한 '지분'ownership 증서. 주식을 사면 그 회사의 일부를 소유하게 된다.

주주 Shareholder　주식을 가진 사람. 주주는 회사의 소유자 중 한 명으로서 배당금이나 의결권 등 권리를 갖는다.

증권사 Brokerage　투자자가 주식을 사고팔 수 있도록 중개해 주는 회사. 미래에셋증권, 삼성증권, 키움증권 등이 있다.

매수 Buy   주식을 '사는 것'. 투자금을 시장에 넣는 행위.

매도 Sell   주식을 '파는 것'. 수익을 실현하거나 손실을 정리할 때 사용.

호가 Bid / Ask   현재 시장에서 사람들이 사고파는 가격 제시를 일컬음.

  → 매수 호가(사려는 가격), 매도 호가(팔려는 가격).

체결 Execution   주문이 실제 거래로 이루어진 순간을 일컬음.

  → "주문이 체결됐다" = 주식(살 때) 또는 판매금(팔 때)이 내 계좌에 반영

되었다.

지정가 주문 Limit Order   내가 정한 가격에만 사고파는 주문 방식.

  → 예. "삼성전자 7만 원 이하일 때만 사겠다."

시장가 주문 Market Order   가격 상관없이 '지금 바로' 거래되는 주문 방식. 빠르

게 체결되지만 가격 변동이 있다.

평단가 Average Price   여러 번 나눠서 매수한 주식의 평균 매입 단가. '현재 주

가가 내 평단가보다 높으면 수익, 낮으면 손실'로 판단한다.

주가 움직임 관련 용어 Price Movement Terms

주가의 흐름과 시장의 움직임을 이해할 때 필요한 기초 용어

시가 Opening Price   장 시작 시 처음 거래된 가격.

종가 Closing Price   장 마감 직전에 거래된 최종 가격.

고가 / 저가 High / Low Price　하루 중 가장 높았던 가격 / 가장 낮았던 가격.

거래량 Volume　얼마나 많은 주식이 거래되었는지를 보여 주는 지표. 거래량이 많으면 시장의 관심이 크다는 뜻이다.

기업가치·수익 관련 용어 Valuation / Earnings
기업의 수익성과 주식의 가치를 판단할 때 사용

EPS Earnings per Share　주당순이익. 한 주당 회사가 얼마나 이익을 냈는지를 나타낸다. (= 순이익 ÷ 주식 수)

PER Price-to-Earnings Ratio　주가수익비율. 주가가 이익의 몇 배 수준인지 보여 줌. 낮을수록 '저평가', 높을수록 '고평가'로 해석하기도 한다. (= 주가 ÷ EPS)

PBR Price-to-Book Ratio　주가순자산비율. 주가가 순자산(자본)의 몇 배인지를 나타냄. 1보다 낮으면 자산가치보다 싸게 거래 중이라는 뜻이다. (= 주가 ÷ 주당순자산 BPS)

시가총액 Market Cap　회사 전체의 '시장가치'. (= 주가 × 발행 주식 수)

배당금 Dividend　회사가 이익의 일부를 주주에게 나눠 주는 돈.

투자 스타일 관련 용어 Investment Styles
투자자가 어떤 방식으로 시장에 접근하느냐를 나타냄

장기 투자 Long-term Investing　몇 년 이상 길게 보유하며 성장과 배당을 노리는 투자 방식(장투).

단기 투자 Short-term Investing 짧은 기간(하루~며칠) 안에 매매해 시세 차익을 노리는 투자(단타).

손절Cut Loss 손실이 커지기 전에 미리 파는 것. 더 잃지 않기 위한 방어 행동.

익절Take Profit 수익이 났을 때 미리 파는 것. 이익을 확정 짓는 매도.

물타기Averaging Down 주가가 떨어질 때 추가 매수해 평균 매입가를 낮추는 전략. 신중하지 않으면 손실이 커질 수 있다.

적립식 투자 Dollar-Cost Averaging 정해진 금액을 일정한 주기로 꾸준히 투자하는 방식. 시점 분산으로 리스크를 줄이고 장기적으로 수익을 안정화한다.

시장 및 지수 관련 용어 Market Index Terms
세계 주요 주식시장과 지수를 이해하기 위한 기본 개념

코스피KOSPI 한국을 대표하는 대형주 중심의 주가지수.

코스닥KOSDAQ 중소·기술기업 중심의 주가지수.

다우존스Dow Jones Industrial Average 미국을 대표하는 30개 대형 우량주의 주가지수.

S&P500S&P500 Index 미국상장 기업 중 상위 500개 기업의 주가지수.

나스닥NASDAQ Composite 엔비디아, 애플, 테슬라 등 기술주 비중이 높은 주가지수.

인덱스펀드Index Fund S&P500, 나스닥 같은 시장지수를 그대로 따라가는 펀드.

ETFExchange-Traded Fund 인덱스펀드를 주식처럼 사고팔 수 있게 만든 상품.

주식시장 거래 시간 및 운영 안내 Trading Hours and Market Operations

국내 주식시장 (2025년 12월 기준)

구분	거래 시간	비고
정규장	09:00 ~ 15:30	대부분의 거래가 이루어지는 주시간.
장전 시간 외 거래	08:30 ~ 08:40	전일 종가 기준으로 빠르게 거래할 수 있는 짧은 구간.
장후 시간 외 거래	15:40 ~ 18:00	당일 종가로 거래 가능하지만 유동성이 낮음.

미국 주식시장 (2025년 12월 기준)

마켓 종류	서머타임 적용(한국 시간) 3월 둘째 주~11월 첫째 주	서머타임 미적용(한국 시간) 그 외 기간	비고
프리마켓	17:00 ~ 22:30	18:00 ~ 23:30	
정규장	22:30 ~ 05:00	23:30 ~ 06:00	
애프터마켓	05:00 ~ 08:00	06:00 ~ 09:00	증권사별 거래 가능 시간 다름.
주간 거래	09:00 ~ 17:00	10:00 ~ 18:00	증권사별 거래 가능 시간 다름.

• • •

"돈, 섹스, 권력과 관련해 올바르게 살아간다는 것은
곧 삶을 거룩하게 살아간다는 것을 의미한다."

리처드 포스터, 《돈, 섹스, 권력》에서

1
부

· 이론편 ·

왜 투자해야 하는가?

금융문맹의 위험성

미국의 저명한 경제학자이자 제13대 연방준비제도$_{Fed}$ 의장으로 20년간 세계 경제의 심장을 이끌었던 앨런 그린스펀은 이렇게 말했습니다.

> 문맹은 생활을 불편하게 만들지만, 금융문맹은 생존을 불가능하게 만든다.

짧고 묵직한 이 한 문장은 지금 우리가 살아가는 시대를 날카롭게 꿰뚫습니다. 우리는 하루도 빠짐없이 돈을 벌고 쓰며 살지만, 정작 '돈'이 어떻게 움직이는지를 모른 채 살아가는 경우가 많습니

2023년, 한국 사회를 떠들썩하게 만든 W그룹의 사업 설명회를 AI로 재구성한 모습.

다. 특히 "믿음으로 산다"고 고백하는 크리스천들에게, 이 말은 가벼운 조언이 아니라 반드시 새겨야 할 경고처럼 들립니다.

우리는 하나님 나라를 소망하며 사는 동시에 세상이라는 무대 위에서 오늘 하루를 살아갑니다. 그렇기에 금융, 경제, 자본, 시장과 같은 주제는 우리의 일상에 매우 밀착해 있습니다. 그러므로 이를 등한시한다면, 언젠가 그 무지로 인해 넘어질 수밖에 없습니다. 왜냐하면 우리 삶은 믿음만으로는 다 설명할 수 없는 복잡성과 다층성을 지니고 있기 때문입니다.

지난 2023년, 한국 사회를 떠들썩하게 만든 사건이 발생했는데 바로 'W그룹 폰지 사기 사건'입니다. 처음에는 그저 스쳐 지나가는 뉴스처럼 들렸지만, 사건의 내막을 접할수록 마음이 무거워졌습니다. '폰지'ponzi란 신규 투자자의 자금으로 기존 투자자에게 수익을 지급하는 다단계 금융사기 수법으로, W그룹 폰지 사기 사건 피해자는 약 3만 명, 피해액은 3,000억 원이 넘었습니다. 무엇보다 충격적인 사실은, 피해자들 대다수가 교회에 속한 신자들이었다는 점입니다. 그 이유는 W그룹 J 회장이 세종시에 위치한 정통 교단 소속 교회의 담임목사였기 때문입니다.

W그룹은 55만 원에 대체불가토큰NFT 광고 이용권 1개를 구매하면 매일 1만 7,000원을 지급해, 한 달이면 원금의 100%에 가까운 수익을 올릴 수 있다고 홍보했습니다. 나아가 이용권을 많이 구매할수록 '직급'이 올라가고, 직급이 높아질수록 더 큰 이익을 배분받을 수 있다는 구조를 내세워 투자자들을 끌어들였습니다. 알고 보면 전형적인 폰지 사기 방식인데, 금융에 대한 기본 지식이 없으니 '확실한 수익'이라는 말만 믿고 속아 넘어간 것입니다.

이들의 전략은 "돈을 벌 수 있다"는 유혹에 그치지 않았습니다. 특정 재단과의 연계를 내세우며 위기가정의 청소년과 취약계층 어르신을 돕는 '선한 기업' 이미지를 강조해 사람들의 마음을 파고들었습니다. 치밀하면서도 감성적인 접근이었지요. 게다가 이런 설명회는 주로 호텔 연회장에서 격식 있게 진행되었습니다. 정중한 대접과 따뜻한 분위기 속에서 사람들은 자연스레 마음의 문을 열었고, '좋은 일에 동참한다'는 명분에 안심하며 경계심을 내려놓았습니다. 그러나 바로 그 순간, 자신도 모르는 사이 더 깊은 사기의 덫으로 걸어 들어가고 있었던 것입니다.

사실 피해자들이 바랐던 것은 결코 지나친 욕심이 아닌 순수한 신뢰였고 작은 기대였으며, 어쩌면 더 나은 내일에 대한 소박한 희망이었을지도 모릅니다. 그러나 그 대가로 돌아온 현실은 너무도 잔인했습니다. 평생을 성실하게 쌓아 온 노후자금, 자녀들의 학자금, 부모님의 병원비까지… 단 한 번의 '믿음'의 선택으로 산산조각 나 버렸습니다. 교묘하고 악랄한 사기 수법도 문제였지만, 더 뼈아픈 건 알지 못해 당했다는 사실입니다. 몰랐기에 속았고, 순수했기에 더 깊이 상처를 입었습니다.

결국 이 사건을 통해 우리가 반드시 새겨야 할 교훈이 뭘까요? '선하고 신실한 마음만으로는 사기를 막을 수 없다'는 사실, '믿음만으로는 금융 리스크를 분별할 수 없다'는 사실입니다. 그리스도인은 하늘을 바라보며 살아가지만 동시에 두 발은 분명 이 땅 위에 딛고 서 있어야 합니다. 그렇기에 우리는 늘 묻고 또 물어야 합니다. "하나님이 내게 맡기신 자원을 어떻게 지혜롭게 관리할 것인가?" 아무리 믿음이 크다 해도 금융문맹을 벗어나지 못한다면, 또 다른 사건의 희생자가 되는 건 시간문제일 수 있습니다.

나의 금융이해력
점수는?

앞 장에서 살펴본 W그룹 폰지 사기 사건은 금융 범죄 이상의 의미가 있습니다. 그것은 일부 사람들의 불운한 실패가 아닙니다. 우리 사회가 지닌 금융 이해력의 취약함을 여실히 드러낸 사건이었습니다. 내용을 조금만 살펴봐도, 기초적인 금융 상식과 판단력이 부족했다는 사실이 금세 드러납니다.

그런데 그들의 이야기를 들여다보는 순간, 묘하게도 우리의 모습이 겹쳐집니다. 오늘을 살아가는 우리는 과연 돈에 대해 얼마나 알고 있을까요? 그리고 그 이해 수준은 실제 삶의 현장에서 어떻게 나타나고 있을까요?

2022년, 한국은행과 금융감독원은 전국 만 18세부터 79세까지의 성인 2,400명을 대상으로 '전 국민 금융 이해력 조사'를 실시했습니다. 이 조사는 금융 지식만을 테스트하는 것이 아니라, 각 개인이 돈에 대해 얼마나 알고 있는지(금융 지식), 어떻게 사용하는지(금융 행동), 그리고 어떤 태도를 갖고 있는지(금융 태도)를 종합적으로 살펴보는 내용이었습니다. 쉽게 말해, '나는 돈을 얼마나 잘 다루며 살고 있는가?'를 점검해 보는 계기였던 셈이죠.

조사 결과는 놀랍게도 우리 사회의 현실을 여실히 드러냈습니다. 우리나라 성인의 평균 금융 이해력은 66.5점. OECD가 권장하는 71점 기준에 한참 못 미치는 성적표였습니다. 여전히 많은 이들이 금융을 제대로 이해하지 못한 채 일상을 살아가고 있다는 사실을 보여 주는 결과였습니다.

그러나 더 주목해야 할 지점은 '평균 점수'가 아니라 계층별로 드러난 뚜렷한 격차였습니다. 연령·소득·학력에 따라 금융 이해도가 크게 달랐고, 이는 지식 수준의 차이를 넘어 삶의 조건과 경제적 기회의 불평등으로 이어지고 있었습니다. 결국 금융 이해력의 차이는 곧 생활의 격차로 직결된다는 사실이 분명하게 드러난 것입니다.

연령·소득·학력에 따라 드러나는 금융 지식의 격차

연령·소득·학력에 따라 드러나는 금융 지식의 격차는 매우 뚜렷합니다. 금융 이해력은 개인의 성향보다는 사회·경제적 조건에 따라 일정한 패턴을 보였습니다.

첫째, 연령대별 격차가 가장 두드러졌습니다. 특히 60대와 70대 고령층의 점수가 가장 낮게 나타났습니다. 나이가 들수록 급변하는 금융 환경에 적응하기 어려워지는 현실을 보여 주는 대목입니다. 요즘은 디지털 기반의 금융 서비스가 일상이 되었고, 투자 상품은 날로 복잡해지고, 물가 상승 압력은 지속됩니다. 이런 변화가 고령층에게는 일종의 장벽으로 다가오며, 은퇴 이후 자산을 지키는 데 필요한 정보와 판단력을 갖추는 데 제약을 주고 있습니다.

둘째, 소득 수준에 따른 격차도 뚜렷했습니다. 조사에 따르면 연 소득 3,000만 원 미만의 저소득층이 가장 낮은 금융 이해력을 보였는데, 이는 단지 '돈이 부족해서' 생긴 결과가 아닙니다. 어떻게 재정을 관리해야 하는지에 대한 기본적인 지식과 전략 자체가 부족하다는 점에서 더 본질적인 문제를 드러냅니다. 실제로 통계청 2023년 자료에 따르면, 우리나라 근로자의 약 45%가 연소득 3,000만 원 이하에 해당합니다.

금융 이해력이 취약한 집단이 사회 구성원의 절반 가까이를 차지하고 있는데, 그들은 바로 우리의 가족이자 이웃입니다. 이들은 경제적으로 가장 취약한 위치에 있으면서도 금융 교육 기회에서 쉽게 소외되고, 가진 자산이 적어 투자에 접근할 여력조차 부족합니다. 하지만 아이러니하게도 적은 돈을 가진 사람일수록 그 돈을 더 신중하게, 전략적으로 관리할 필요가 있습니다. 작은 실수에도 타격이 크고, 회복이 쉽지 않기 때문입니다.

셋째, 학력에 따른 격차도 분명했습니다. 고졸 미만 집단은 대졸 이상 집단에 비해 금융 지식과 금융 행동 모두에서 현저히 낮은 점수를 기록했습니다. 이는 학교에서 배운 학업량의 차이 때문만은 아닙니다. 교육 기회의 격차가 결국 삶의 안정성, 자산 형성의 가능성, 그리고 경제적 기회의 차이로 이어지고 있다는 사실을 보여 줍니다. 다시 말해, 금융 이해력의 격차는 곧 사회적 불평등을 비추는 거울과도 같습니다.

준비되지 않은 삶, 장기 재무 목표의 부재

금융 이해력은 단지 환경에 따른 격차로만 설명되지 않습니다. 이는 내가 내 삶을 얼마나 구체적으로 계획하고 있느냐와 직결됩니다. 다시 말해, '금융을 이해한다'는 것은 곧 '미래를 준비한다'는 뜻입니다.

이어 주목할 점은 "장기적인 재무 목표가 있다"고 응답한 이들이 37.7%에 그쳤다는 사실입니다. 10명 중 6명 이상은 미래를 위한 경제적 목표조차 세우지 못한 채 살아가고 있다는 뜻입니다. 대부분이 월급이 들어오면 그때그때 소비하고 다음 달을 기다릴 뿐 주택 마련, 자녀교육, 노후생활비처럼 구체적인 계획을 세우는 일에는 큰 관심이 없다는 것입니다.

어떤 분들은 이렇게 반문할 수 있겠죠. "매달 들어오는 액수가 뻔한데, 재무 계획이 무슨 의미가 있나요?" 얼핏 들으면 그럴듯한 질문처럼 보이지만, 사실 결코 가볍게 넘길 문제가 아닙니다. 목표가 없으면 방향을 잡을 수 없고, 방향이 없으면 오늘의 선택이 나를 어디로 이끌고 있는지도 알 수 없습니다. 계획 없는 돈은 목적 없이 흘러가기 쉽고, 순간의 소비만 남긴 채 장기적인 자산으로 쌓이지 않습니다.

안타깝게도 이런 경향은 금융 이해력이 낮은 계층일수록 더욱 두드러졌습니다. '나중에 어떻게든 되겠지', '어차피 티끌 모아 티끌이야'라는 생각이 어느새 습관이 되고, 그 습관은 결국 준비 없는 노후와 반복되는 재정 불안으로 이어집니다.

성경은 '개미가 여름에 양식을 모으듯' 지혜로운 사람은 장래를 준비한다고 가르칩니다(잠언 6:6-8). 믿음으로 사는 우리에게 하나님께서 맡기신 자원을 어떻게 관리하느냐는 기술적 문제가 아니라 신앙과 책임의 문제로 이어질 수 있습니다. 그러나 많은 사람들이 당장의 필요에만 몰두하다 보니 미래에 대해 고민할 여유조차 없이 살아가고 있습니다.

사실 '장기 재무 목표'라는 말이 다소 거창하게 들릴 수 있지만, 시작은 생각보다 단순합니다. 우리의 생애 주기를 돌아보면, 각 단계마다 필요로 하는 자산은 달라지기 마련입니다. 그렇다면 우리가 던져야 할 질문은 두 가지입니다.

"나는 언제까지 얼마가 필요할까?"

"그 목표를 위해 지금 나는 무엇을 하고 있는가?"

만약 이 질문에 답하지 못한다면, 우리의 내일은 대책 없이 불안 속에 놓이게 됩니다.

예·적금에 머문 재무 전략의 실태

마지막으로, 장기적인 재무 목표를 가지고 있다고 답한 사람들은 그 목표를 어떻게 실현해 나가고 있을까요? 조사 결과, 많은 사람들이 가장 익숙한 은행 예금성 상품을 주요 수단으로 삼고 있는 것으로 나타났습니다. 보통예금, 정기예금, 적금 등 전통적인 저축 방식이 여전히 가장 선호되는 형태였습니다.

이런 경향은 충분히 이해할 수 있습니다. 예·적금은 위험 부담이 거의 없고, 원금이 보장되며, 절차도 간편해서 오랫동안 '안전한 선택지'로 여겨져 왔습니다. 우리 부모님 세대에서도 그러했고, 지금도 많은 사람들이 "그래도 은행에 넣어 두면 안전하잖아"라고 말합니다. 저 역시 금융과 투자에 대한 공부를 하기 전에는 당연히 그렇게 생각했습니다.

그러나 이런 방식이 과연 오늘날에도 '안전한 선택지'일까요? 우리는 여기서 한번 멈춰 서서, 진정한 의미의 '안전한 선택'이 무엇인지 다시 생각해 볼 필요가 있습니다. 알다시피 매년 물가는 꾸준히 오릅니다. 이는 곧 화폐의 가치가 시간이 지날수록 떨어진다는 뜻입니다. 통장 속 원금 숫자는 그대로 찍혀 있지만, 그 돈으로 살 수 있는 물건과 서비스는 해마다 줄어듭니다. 겉보기에는 변하지 않는 것 같지만, 실제로는 내 돈의 가치가 조용히 깎여 나가고 있는 것이지요.

이런 관점에서 보면, 예·적금은 비바람을 막아 주는 듯하지만 실제로는 조금씩 물이 스며드는 지붕과도 같습니다. 당장은 견고해 보이지만, 시간이 지나면 그 약점이 드러나게 됩니다. 그렇기에 우리는 이 현실을 분명히 인식하고, 더 넓은 재정의 청사진을 마련해야 합니다.

이쯤에서 우리는 본질적인 질문 앞에 서게 됩니다. '돈'은 과연 무엇인가? 우리가 당연하게 사용하는 이 화폐는 언제, 어떤 이유로 지금과 같은 구조를 갖게 되었을까? 그리고 왜 시간이 흐를수록 가치가 줄어들 수밖에 없는 걸까?

다음 장에서는 이 질문을 중심으로 화폐의 역사와 본질을 살펴보며, 지금 우리가 마주한 경제 환경을 좀 더 심도 있게 들여다보고자 합니다.

반드시 알아야 할 화폐의 역사

화폐는 '가치 저장 수단'이 아니다

사람들이 돈을 모으는 가장 큰 이유는 대개 그것이 '가치 저장 수단'이라고 믿기 때문입니다. 예컨대 연봉 4,000만 원을 받는 사람이 있다면, 그는 자신의 1년 노동의 가치가 4,000만 원이라는 숫자 안에 고스란히 보관되어 있다고 생각합니다. 그러나 이 믿음은 현실과는 거리가 있습니다.

오늘날의 화폐는 가치를 지켜 주는 금고가 아니라, 물건과 서비스를 사고파는 과정에서 쓰이는 도구, 곧 '교환의 매개체'에 불과합니다. 만약 화폐가 진정한 의미의 가치 저장 수단이 되려면, 시간이 흐른 뒤에도 동일한 금액으로 같은 양의 물건을 살 수 있어야 합니다. 하지만 우리가 모두 알고 있듯이 해마다 화폐의 가치는 점점 줄어들고 있습니다.

그렇다면 화폐는 언제부터 이런 속성을 가지게 된 것일까요? 우리는 그 답을 찾기 위해, 화폐의 역사를 되짚어 볼 필요가 있습니다.

브레턴우즈 체제의 붕괴, 그리고 화폐의 전환점

우리가 오늘 쓰고 있는 돈, 곧 '화폐'는 원래부터 이렇게 마음만 먹으면 무한정 찍어 낼 수 있는 성격을 갖고 있지는 않았습니다. 불과 80여 년 전만 해도 화폐는 훨씬 더 엄격한 기준 아래에서 움직이고 있었지요.

그 이야기는 1944년, 제2차 세계대전이 끝나가던 무렵으로 거슬러 올라갑니다. 전쟁으로 황폐해진 세계 경제를 재건하고 새로운 금융 질서를 만들기 위해, 미국 뉴햄프셔의 작은 마을 브레턴우즈에 44개국의 대표들이 모였습니다. 바로 그 자리에서 탄생한 것이 '브레턴우즈 체제'입니다.

이 체제의 핵심은 단순했습니다. 미국 달러USD를 국제 거래의 기준 통화로 삼되, 달러는 반드시 금으로 교환할 수 있도록 보장하는 것이었죠(이를 '금태환제'金兌換制, Gold Exchange Standard라고 부릅니다). '1온스의 금 = 35달러'라는 고정 환율이 정해져 있었고, 달러를 가진 국

브레턴우즈 회의. 1944년 미국 뉴햄프셔주의 브레턴우즈에서 개최된 회의로, 44개국의 대표들이 참여하여 국제 무역 질서 유지와 통화 제도 마련을 논의하였다.

[출처: U.S. Government work]

가는 누구든 그에 해당하는 금으로 바꿀 수 있었습니다.

하지만 이 탄탄해 보이던 시스템도 오래가지 못했습니다. 1960년대 후반, 미국은 베트남 전쟁 수행과 '위대한 사회'Great Society라 불린 대규모 복지 정책에 막대한 재정을 투입하면서 달러를 과도하게 발행하기 시작했습니다. 문제는, 끝없이 풀리는 달러와 달리 금은 한정되어 있었다는 점입니다. 결국 프랑스를 비롯한 여러 나라들이 "우리가 가진 달러를 금으로 바꿔 달라"고 요구했고, 미국은 점점 궁지에 몰렸습니다. 왜냐하면 창고에 남은 금보다 세계에 풀린 달러가 훨씬 많아졌기 때문입니다.

결정적인 순간은 1971년에 찾아왔습니다. 당시 미국 대통령 리처드 닉슨은 전 세계를 놀라게 하는 선언을 합니다. "앞으로 더 이상 달러를 금으로 교환해 주지 않겠다." 이것이 바로 역사에 남은 '닉슨 쇼크'입니다.

그날 이후 화폐는 완전히 새로운 성격을 갖게 되었습니다. 금과의 연결이 끊어지면서, 돈은 이제 실물 자산에 의해 보장되지 않고 오직 정부의 신뢰, 곧 법적 권위에 의해 가치를 인정받는 '불태환 화폐'Fiat Money(정부가 발행하고 법적 효력에 의해 가치가 인정되는 명목화폐)가 된 것입니다. 말 그대로 종이에 불과한 돈이 국가의 보증 아래에서만 '화폐'로 기능하게 된 것이죠. 처음에는 별문제가 없는 듯 보였지만, 사실상 화폐를 무제한으로 발행할 수 있는 구조는 이후 심각한 파장을 낳습니다.

실제로 달러는 닉슨 쇼크 이후 빠르게 힘을 잃기 시작했습니다. 다음 그래프(44쪽)는 100여 년 동안 달러의 구매력이 어떻게 변화했는지를 잘 보여 줍니다.

M2의 증가와 조용한 약탈

아르바이트를 하든 직장생활을 하든 우리는 급여를 받습니다. 물론 입금과 동시에 카드값과 자동이체로 순식간에 돈이 빠져나가지만, 어쨌든 통장에 숫자가 조금씩 늘어나는 것을 보며 잠시 마

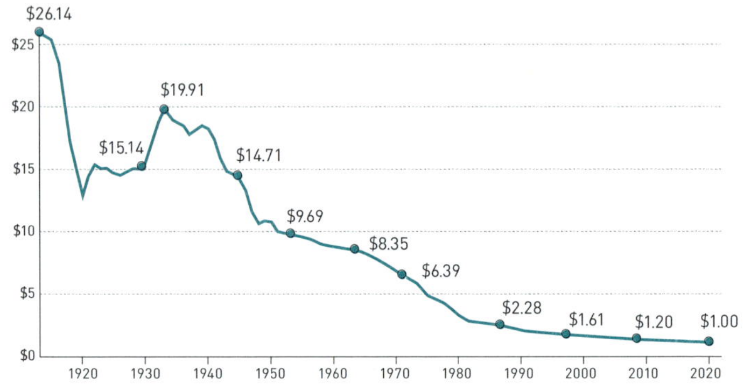

[출처: Bureau of Labor Statistics – Consumer Price Index, Morris County Library of Historic Prices]

음을 놓습니다. 하지만 그 숫자가 앞으로도 지금과 동일한 가치를 지닐까요?

이 질문을 이해하려면 먼저 '통화량'이라는 개념부터 짚고 넘어가야 합니다. 말 그대로, 통화량은 일정 시점에 한 나라 경제 안에서 실제로 돌아다니고 있는 '돈의 총량'을 뜻합니다. 그런데 통화량을 이야기할 때는 보통 'M2'라는 지표를 사용합니다. M2는 우리가 손에 쥘 수 있는 현금뿐 아니라 은행에 맡긴 예금이나 쉽게 찾아 쓸 수 있는 단기 저축까지 포함합니다. "지금 이 사회 안에 실제로 얼마만큼의 돈이 흘러 다니고 있는가?"를 보여 주는 척도인 셈이죠.

놀랍게도 미국의 M2 통화량은 1971년부터 2022년까지 무려

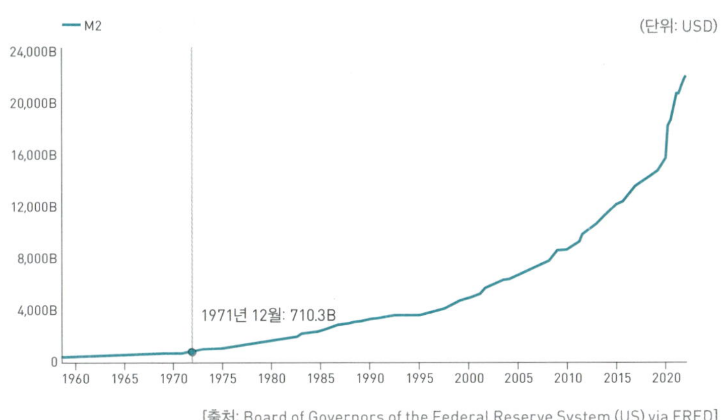

[출처: Board of Governors of the Federal Reserve System (US) via FRED]

30배 가까이 증가했습니다. 당시 710억 달러에 불과하던 M2는 반세기 만에 21조 달러를 넘어섰습니다. 이유는 단순합니다. 돈은 기하급수적으로 늘어났지만, 세상에 존재하는 물건과 서비스는 그 속도를 따라가지 못했기 때문입니다.

예를 들어, 어떤 마을에 빵 100개와 100달러가 있다고 가정해 보겠습니다. 빵 한 개의 값은 자연스럽게 1달러가 되겠지요. 그런데 돈이 3,000달러로 늘어나지만 빵은 여전히 100개라면, 빵 한 개의 가격은 30달러로 뛰어오를 수밖에 없습니다. 겉으로 보면 빵값이 오른 것처럼 보이지만, 실제로는 돈의 가치가 떨어진 것입니다. 이것이 바로 인플레이션의 원리입니다.

우리가 계좌에 찍힌 숫자를 보며 잠시 안심하는 동안에도, 인플

연도	1달러의 구매력 (2022년 기준)	구매 가능한 물건
1913	26.14	초콜릿바 30개
1929	15.14	화장지 10롤
1933	19.91	맥주 10병
1944	14.71	콜라 20병
1953	9.69	프레첼 10봉지
1964	8.35	드라이브인 영화 1편
1971	6.39	오렌지 17개
1987	2.28	크레용 2상자
2008	1.61	자몽 4개
2020	1	맥도날드 커피 1잔
2022	0.05	껌 1통

[출처: Bureau of Labor Statistics – Consumer Price Index, Morris County Library of Historic Prices]

레이션은 해마다 보이지 않게 우리의 돈을 조금씩 갉아먹고 있습니다. 이에 대해 거시경제학의 아버지 존 메이너드 케인스는 인플레이션을 "정부가 국민의 재산을 은밀히 압수하는 방식"에 비유했고, 노벨상 수상 경제학자 밀턴 프리드먼 역시 "증세 없는 세금"이라고 날카롭게 지적했습니다.

이 현상은 비유에 그치지 않고 실제 수치로도 확인됩니다. 1913년의 1달러는 2022년 가치로 환산하면 26.14달러의 구매력을 지니고 있었습니다. 반대로 2022년의 1달러는 1913년 기준으로 고작 0.05달러, 즉 5센트에 불과합니다. 이는 지난 100여 년 동안 달러의 실질 구매력이 95% 이상 하락했다는 사실을 단적으로 보여 주는 수치입니다. 그리고 안타깝게도 이 추세는 멈추지 않고 있습니다. 달러의 가치는 앞으로도 조용히, 그리고 꾸준히 깎여 나갈 것입니다.

예·적금을 통한 저축은 언뜻 보면 든든한 금고처럼 느껴지지만, 실제로는 서서히 새고 있는 그릇과도 같습니다. 통장 속 숫자는 변함이 없는데도 정작 그 돈의 실질 구매력은 해마다 줄어들고 있기 때문입니다. 그렇다면 이제 질문을 바꿔야 합니다. 인플레이션이라는 조용한 약탈 앞에서 우리가 던져야 할 물음은 "어떻게 돈을 모을 것인가?"가 아니라 "어떻게 그 가치를 지켜 낼 것인가?"입니다.

적금의
불편한 진실

앞에서 우리는 미국 달러의 역사와 그 가치가 어떻게 무너져 왔는지를 살펴보았습니다. 그런데 여기서 한 가지 의문이 생깁니다. "전 세계가 신뢰하는 기축통화, 달러조차 시간이 흐르며 가치를 잃어 왔다면, 과연 대한민국 원화는 안전할까?" 안타깝게도 원화의 현실은 더 냉혹합니다. 달러보다 더 가파르게, 더 뚜렷하게 그 힘을 잃어 가고 있기 때문입니다.

통화량은 10년마다 두 배씩

지난 20년 동안 한국의 M2 통화량, 즉 시중에 풀린 현금과 단기

예금 등을 포함하는 지표 역시 눈에 띄게 불어 왔습니다.

숫자는 거짓말을 하지 않습니다. 10년마다 거의 두 배씩 늘어난 셈이니, 이는 연평균 약 7%씩 돈의 가치가 하락했다는 의미입니

대한민국의 M2 증가량 (1986~2024년)

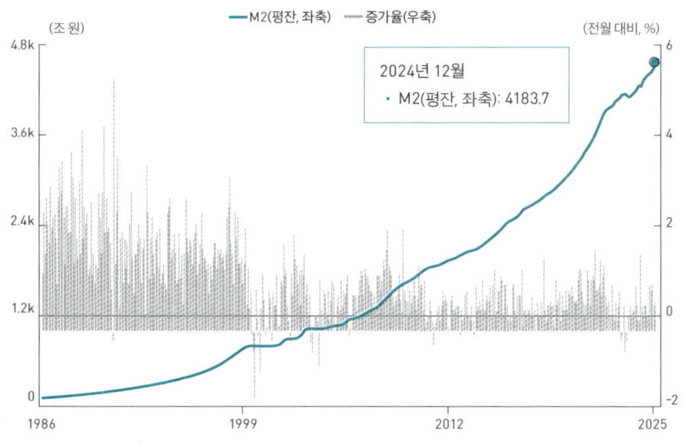

[출처: 한국은행]

다. 문제는 같은 시간 동안 우리의 임금은 이 흐름을 따라가지 못했다는 데 있습니다. 2024년 기준 한국 직장인의 평균 연봉 인상률은 약 5.7%에 불과했고, 전체 노동자 중 22%는 아예 연봉 인상 없이 동결되거나 오히려 삭감을 겪었습니다.

생각해 보십시오. 물가 상승과 화폐 가치 하락이 동시에 일어나고 소득이 그 속도를 따라가지 못한다면, 그 결과는 가계 부담 증가로 이어집니다. 따라서 매년 약 7%씩 돈의 가치가 감소한다는 사실은 단순히 통계가 아니라 우리 삶을 직접 압박하는 경제적 현실입니다.

어떤 분들은 이렇게 묻습니다. "왜 굳이 돈을 많이 찍어서 문제를 만드나요? 발행을 줄이면 인플레이션 같은 문제도 없을 텐데요?"

이론만으로는 일리가 있어 보입니다. 그러나 현실은 그렇게 간단하지 않습니다. 애초에 자본주의라는 시스템 자체가 '성장'과 '신용 확대'를 전제로 굴러가고 있기 때문입니다. 경제는 멈추면 곧바로 후퇴합니다. 돈이 돌지 않으면 기업도, 일자리도, 정부의 재정 운영도 함께 멈춥니다.

결국 화폐 공급은 멈출 수 없고, 인플레이션은 언제나 우리 곁에 그림자처럼 따라붙습니다. 지금의 경제 체제에서 인플레이션은 일시적인 변수가 아닙니다. 자본주의가 움직이는 한 피할 수 없는 '구조적 동반자' 같은 존재입니다.

자산 가격이 오르는 이유

돈을 계속 찍어 내면 어떤 일이 벌어질까요? 당연히 화폐의 가치는 점점 떨어집니다. 어떤 것이든 많이 풀릴수록 희소성이 사라지고 가격이 낮아지는 것이 세상의 이치이기 때문입니다. 그리고 이 변화는 가장 먼저 자산 시장에 드러나는데, 그 대표적인 예가 바로 부동산입니다.

실제로 지난 24년 동안 수도권 아파트 가격은 연평균 6.78%씩 꾸준히 상승했습니다. 사람들은 이를 흔히 '집값 거품'이라고 부르지만, 그것만으로 설명되지는 않습니다. 이 수치는 오히려 돈의 가치가 지속적으로 약해지고 있다는 신호입니다. 사라지는 가치를 지키기 위해 사람들은 화폐 대신 집과 같은 실물자산으로 이동해 왔습니다. 다시 말해, 집값이 폭등한 것이 아니라 돈의 가치가 떨어진 것이고, 사람들이 부동산에 몰린 것은 집이 좋아서가 아니라 가치가 증발하는 화폐에서 벗어나려 했던 것입니다.

수도권 아파트 가격 상승률

[출처: 네이버 뉴스]

외식 물가로 보는 체감 인플레이션

인플레이션은 부동산만의 문제가 아닙니다. 그것은 우리의 식탁과 지갑에서 매일같이 느껴지는 일상의 변화입니다. 가장 친숙한 예로 자장면 가격 변화를 떠올려 볼까요? 서울에서 2014년에는 단돈 4,500원이면 자장면 한 그릇을 즐길 수 있었습니다. 하지만 2024년이 되자 가격이 7,385원으로 치솟았습니다. 무려 10년 동안 연평균 6.43%씩 오른 셈입니다.

또 다른 예로, 우리가 즐겨 찾는 김밥천국의 원조김밥을 살펴보겠습니다. 10년 전만 해도 1,500원이었는데 이제는 정확히 두 배인 3,000원이 되었습니다(3,500~4,000원인 곳도 있더군요.) 이는 연평균 약 7%씩 오른 셈입니다. 이것은 그저 음식값이 비싸졌다는 의미에서 그치지 않습니다. 우리가 매일 사용하는 돈의 가치가 절반 가까이 하락했음을 보여 주는 증거입니다.

여기서 한 가지 중요한 사실을 짚고 넘어가야 합니다. 우리가 뉴스에서 자주 듣는 '소비자물가지수'CPI는 실제 생활비 변화를 온전히 반영하지 못합니다. CPI는 정부가 선정한 일부 품목의 평균 가격 변동을 계산한 수치에 불과합니다. 그러나 우리가 실제로 지갑을 열 때 가장 크게 부담을 느끼는 주거비, 외식비, 학원비, 의료비 등은 충분히 담겨 있지 않습니다.

그래서 정부는 "물가가 안정적"이라고 발표해도, 우리는 매달 나오는 카드 명세서를 보며 "물가가 미쳤다"라고 느끼는 것이죠. 왜냐하면 정부에서 발표하는 명목 물가는 연 2~3% 수준이지만 우리가 몸으로 느끼는 체감 물가는 그보다 훨씬 높은 4~7% 수준이기 때문입니다.

소득이 낮을 때 더 크게 느껴지는 인플레이션

인플레이션은 누구에게나 찾아옵니다. 그러나 그 무게가 모두에게 똑같지는 않습니다. 특히 소득이 낮을수록 물가 상승은 훨씬 더 날카롭게, 더 무겁게 삶을 파고듭니다. 한국경제인협회 분석에 따르면, 지난 10년(2014~2024년) 동안 소득 하위 20%의 체감 물가 상승률은 무려 23.2%에 달했습니다. 반면, 소득 상위 20%는 20.6%였습니다. 숫자로만 보면 고작 2.6%포인트의 차이처럼 보일 수 있습니다. 그러나 매달 빠듯한 생활비로 허덕이는 사람들에게 그 차이는 때론 생존을 위협하는 치명적인 격차입니다.

그렇다면 왜 이런 격차가 생길까요? 이유는 명확합니다. 소득이 적을수록 식비, 주거비, 난방비, 전기요금 같은 고정 지출이 차지하는 비중이 훨씬 크기 때문입니다. 그리고 이런 '필수 항목'들이야말로 인플레이션의 직격탄을 맞는 영역입니다. 쌀값, 식료품비, 전기요금, 교통비는 사치가 아니라 일상을 영위하기 위한 생존 비용입니다. 그렇기에 저소득층일수록 물가가 오르면 지갑이 더 빨리, 더 깊이 털릴 수밖에 없는 안타까운 구조에 놓여 있는 것입니다.

3% 예·적금으로는 인플레이션을 따라갈 수 없다

앞서 확인했듯 오늘날 한국인의 체감 인플레이션은 연 4~7% 수준입니다. 그럼에도 많은 사람들은 여전히 예·적금을 가장 믿을 만한 재테크 수단으로 신뢰합니다. 그런데 지난 10년간 정기예금 평균 금리가 몇 프로인지 아시나요? 세전 약 2.42%였고, 여기서 15.4%의 이자소득세를 제하고 나면 손에 남는 세후 수익은 고작 2.05%에 불과합니다.

문제는 바로 여기에 있습니다. 우리가 일상에서 느끼는 체감 물가는 매년 4~7%씩 치솟는데, 예·적금은 겨우 2% 남짓의 수익만을 안겨 줍니다. 이와 관련해 워런 버핏의 평생 파트너로 불리는 버크셔 해서웨이 부회장 찰리 멍거는 2022년 주주총회에서 강한 경고를 남겼습니다. 그는 최근의 높은 인플레이션에 대해 "핵전쟁을 제외한다면 인류가 직면한 가장 큰 장기적 위험"이라고 단언했습니다. 이처럼 인플레이션의 위협을 자각하지 못한 채 그저 '열심히 모으고 있다'는 안도감에 머물러 있다면, 실제로는 내 현금의 실질 가치가 해마다 조금씩 사라지는 현실을 조용히 받아들이고 있는 셈입니다.

그럼에도 사람들의 인식은 쉽게 바뀌지 않습니다. "그래도 결국은 은행이 제일 안전하잖아." 맞는 말입니다. 과거에는 정말 그랬습니다. 실제로 1990년대 후반까지만 해도 정기예금 금리가 연 10%를 웃돌았으니까요. 그때는 굳이 위험을 감수하며 투자를 하지 않아도, 예·적금만 부어도 돈이 눈에 띄게 불어났습니다. 우리 부모님 세대는 그렇게 은행 이자만으로도 차곡차곡 목돈을 마련했습니다. 그 돈으로 집을 사고, 자녀들을 대학에 보냈으며, 노후까지 준비할 수 있었습니다. 은행은 그야말로 가장 안전하고 든든한 재테크 창구였고, "아끼며 저축하면 된다"는 공식이 통하던 시대였던 것이죠.

하지만 지금은 상황이 완전히 달라졌습니다. 코로나19 이후 전 세계 주요국은 저성장과 고물가라는 새로운 국면에 들어섰습니다. 특히 한국은 인구 소멸, 생산성 둔화, 국가 경쟁력 약화 등의 이유로 성장 동력에 적신호가 켜졌습니다. 그 결과, 금리를 예전처럼 높게 유지할 힘을 잃었고, 자연스레 예·적금 이율은 저금리에 머물러 있습니다.

문제는 인플레이션의 속도를 지금의 저금리가 절대 따라가지 못한다는 사실입니다. 아무리 매달 부지런히 저축해도, 이제는 그것만으로는 '자산을 지킨다'는 최소한의 목표조차 이루기 어려운 시대가 되었습니다. 한때는 은행이 가장 안전한 선택이었지만, 지금은 그 낡은 믿음이 더 이상 우리 자산을 지켜 주지 못합니다. 이 점을 빨리 깨닫는 것이 진정한 재정관리의 시작입니다.

제가 이런 이야기를 하면 빠지지 않고 등장하는 질문이 있습니다.

"목사님, 달라진 예적금의 현실은 이제 알겠는데 그래도 투자는 돈 있는 사람들만 하는 거 아닌가요?"

많은 분들이 그렇게 생각하지만, 실제로는 그 반대입니다. 저는 오히려 여유가 없는 분들일수록 더 성실하게 투자에 임해야 한다고 믿습니다. 그렇지 않으면 은퇴 후에도 생계를 위해 노동에 의존할 수밖에 없고, 건강 문제나 예기치 못한 변수 앞에서 삶이 무너지는 위험을 피하기 어렵기 때문입니다.

결국 우리 앞에 남는 질문은 단 하나입니다. "인플레이션이라는 경제적 파도 앞에서 우리가 붙들어야 할 가장 현실적인 대안은 무엇일까?" 이제 다음 장에서 그 해답의 실마리를 함께 살펴보겠습니다.

재테크의 본질은 Change

신학자들의 연구에 따르면, 예수님의 말씀 가운데 3분의 1 가까이가 돈에 관한 내용이라고 합니다. 성경 전체를 통틀어 돈과 재물, 그리고 그것을 다루는 태도에 관한 말씀이 무려 2,300절 이상 언급되는데, 이는 믿음이나 기도보다도 훨씬 많은 빈도입니다.

왜 이렇게 비중이 클까요? 이유는 간단합니다. 돈은 그저 종잇조각이 아니라, 우리의 삶의 방향과 마음의 중심, 그리고 신앙의 깊이를 비춰 주는 거울 같은 존재이기 때문입니다. 결국 내가 무엇을 의지하고, 어떤 가치를 좇으며 사는지를 드러내는 가장 현실적인 지표가 바로 '돈'입니다. 그래서 예수님은 돈과 재물을 통해 하나님 나라를 설명하시고, 우리의 신앙 태도를 점검하도록 하셨습니다.

　그 대표적인 이야기가 바로 달란트 비유입니다. 주인은 먼 나라로 떠나며 종들에게 각각 다른 양의 달란트를 맡깁니다. 다섯과 두 달란트를 받은 종들은 부지런히 움직여 두 배를 남겼지만, 한 달란트를 받은 종은 그대로 묻어 두었다가 주인에게 돌려주어 책망을 받습니다.

　이 이야기는 종말을 준비하는 교훈을 가르치는 동시에 우리의 재정 관리에도 깊은 지혜를 줍니다. 가진 것을 그냥 쌓아 두지 말고 부지런히 움직여 유익을 내도록 해야 한다는 메시지입니다. 당시 1달란트는 노동자 20년치 임금에 해당하는 막대한 금액이었습니다. 주인의 기대는 가볍지 않았고, 종들은 그만큼의 책임을 지닌 셈이었죠.

　오늘 우리의 현실도 크게 다르지 않습니다. 통장에 넣어 둔 돈은 마치 땅속에 묻어 둔 달란트와 같습니다. 숫자는 그대로지만, 그 실제 가치는 해마다 조금씩 줄어들고 있죠. 따라서 우리의 질문도 새로운 방향을 향해야 합니다. 이제는 '어떻게 모을까'가 아니라 '어떻게 움직일까'입니다. 멈춰 둔 돈은 힘을 잃어 가지만, 움직이는 돈은 자라납니다. 이는 재산 증식의 문제를 넘어, 하나님이 우리에게 맡기신 것을 성실히 관리하고 세상 속에서 선하게 쓰기 위한 지혜로운 청지기의 태도입니다.

어디에 재테크를 해야 하는가

요즘 어디를 가든 빠지지 않는 이야기가 '재테크'입니다. 단어만 들으면 어렵게 느껴지지만, 실제 원리는 매우 단순합니다. "매년 가치가 녹아내리는 현금을 쥐고 있을 것인가, 아니면 시간이 지날수록 성장하는 자산으로 옮겨 둘 것인가." 이 질문이 재테크의 본질입니다. 지금처럼 인플레이션이 가속화되는 시대에는, 이 선택 하나가 우리의 재정적 방향을 결정짓게 됩니다.

크리스천의 투자 생활은 결코 내 주머니만 불리는 목적이 되어서는 안 됩니다. 만약 내가 선택한 투자 방식이 누군가의 삶을 파괴하고 사회를 병들게 한다면, 아무리 큰 수익을 올렸더라도 그것은 신실한 청지기의 자세가 아닙니다. 하나님께서 맡기신 것을 잘 관리한다는 것은, 돈을 불리는 기술을 넘어 그것을 선하게 활용하고 바른길로 흘려보내는 책임을 포함합니다. 이 분명한 기준을 반드시 기억하고 이제 대표적인 투자 자산들을 하나씩 살펴보겠습니다.

부동산

한국 사회에서 부동산은 오랫동안 '국민 투자처'로 불려 왔습니다. 땅과 건물이 주는 눈에 보이는 안정감, 그리고 '똑똑한 집 한 채'가 만들어 내는 큰 시세차익은 많은 이들에게 자연스러운 선택처럼 여겨졌습니다. 그러나 냉정히 들여다보면 이야기는 달라집니다. 부동산 투자에는 최소 억 단위의 거액이 필요하고, 이미 시장은 거주 목적을 넘어 투기적 성격으로 기운 지 오래입니다.

더 심각한 것은 집값 상승이 투자자의 수익으로만 끝나지 않는다는 사실입니다. 결국 그 부담은 젊은 세대와 서민의 삶을 짓누르고, 사회적 불평등을 더 크게 벌려 놓습니다. 이런 점을 고려할 때, 그저 수익만을 좇아 부동산 투자에 뛰어드는 태도는 크리스천으로서 결코 바람직하다고 말하기 어렵습니다.

비트코인(암호화폐)

비트코인은 요즘 가장 많이 회자되는 투자 자산 가운데 하나입니다. 누군가는 이를 '새로운 시대의 금' 혹은 '디지털 골드'라고 부르며 장기적으로 반드시 보유해야 할 자산이라고 말합니다. 실제로 제도권에서도 변화가 있었습니다. 미국을 비롯한 주요 국가에서 비트코인 현물 ETF를 승인했고, 일부 국가는 전략적 보유 자산으로까지 편입하기 시작했지요. 이런 흐름 덕분에 과거에 비해 변동성이 크게 줄어든 것은 사실입니다.

또한 최근에는 여러 글로벌 자산운용사와 기관투자자들 역시 비트코인을 '대체자산'으로 분류하며, 전체 포트폴리오의 1~5% 정도를 전략적으로 편입하는 방안을 제시하고 있습니다. 한때 투기 자산으로만 여겨졌던 비트코인이, 이제는 제도권 자산으로 점차 자리 잡아 가고 있다는 의미입니다.

그럼에도 불구하고, 여전히 신중해야 할 이유는 분명합니다. 비트코인의 가격은 하루아침에 수십 퍼센트씩 오르내릴 수 있고, 상승과 하락을 가늠할 분명한 기준이 없다는 근본적인 한계가 있습니다. 그러므로 장기적이고 안정적인 자산 관리를 원하는 투자자라면 비트코인을 핵심 투자처로 삼는 것은 많은 고민이 필요합니다.

주식

그렇다면 남은 선택지는 무엇일까요? 저는 '주식'이 가장 좋은 출발점이라고 생각합니다. 주식은 여러 자산 중에서도 특히 강점을 지니는데, 그중 첫 번째는 단연 '접근성'입니다. 부동산처럼 거액의 초기 자본이 필요하지 않습니다. 요즘은 단돈 1,000원으로도 투자를 시작할 수 있고, 감당할 수 있는 범위 안에서 천천히 자산을 늘려 갈 수 있습니다. 그래서 주식은 누구에게나 열려 있는 가장 현실적이고 효율적인 자산 형성의 길입니다.

둘째는 '경제 성장과의 연결성'입니다. 주식투자는 단순히 사고파는 개념이 아니라, 씨앗을 심어 기업이라는 나무가 자라는 과정에 함께 참여하는 일입니다. 예를 들어, 스타트업이 투자금을 바탕으로 혁신을 이루고 기업들이 연구개발로 새로운 제품을 내놓으며 더 많은 일자리를 창출할 때, 그 성과는 사회 전반으로 흘러갑니다. 그리고 그 열매는 다시 투자자에게 돌아오며, 이 과정은 개인의 이익뿐만 아니라 사회 전체가 함께 성장하는 경험을 만들어 냅니다.

셋째는 장기적인 '보상 구조'입니다. 물론 주식시장에는 언제나 변동성이 존재합니다. 어떤 날은 크게 오르고, 또 어떤 날은 크게 떨어지기도 합니다. 그러나 단기적인 등락에 흔들리지 않고 안정적인 기업에 분산투자하며 긴 안목으로 기다린다면, 주식은 지금까지 검증된 가장 현실적이고 합리적인 투자 수단임이 분명합니다.

이러한 흐름을 반영하듯, 최근 정부 역시 부동산에 과도하게 쏠린 자금을 주식시장으로 유도하려는 정책을 추진하고 있습니다. 특히 이재명 정부는 자본시장 활성화 방안을 통해 자본이 창업 생태계 조성, 혁신 산업 육성, 고용 확대와 같은 더욱 생산적이고 미래지향적인 영역으로 순환되도록 하여 국민의 삶의 질을 높이고 국가의 지속 가능한 성장을 이루겠다는 비전을 제시하고 있습니다. 이는 주식시장이 개인 투자 수단을 넘어 사회 전체와 국가 경쟁력 강화에 기여할 수 있는 중요한 기반이라는 판단에서 비롯된 조치입니다.

이상 세 가지 대표적인 투자자산에 대해 살펴보았는데, 이 가운데 오늘날 우리에게 가장 현실적인 선택은 무엇일까요? 저는 단연코 주식투자라고 생각합니다. 지난 수십 년간의 글로벌 데이터를 보면 그 결실이 분명하게 드러납니다. 장기적으로 주식은 부동산,

채권, 원자재 등 대부분의 자산군을 뛰어넘는 성과를 보여 왔습니다. 또한 적은 자본으로도 시작할 수 있고, 공동선을 해치지 않으면서 장기적이고 안정적인 수익을 기대할 수 있다는 점은 주식만의 독특한 장점입니다.

하지만 여기서 솔직히 고백해야 할 부분이 있습니다. 지금까지 내용을 들으면서도 마음이 어딘가 불편하거나 망설여지는 분들이 있을 것입니다.

"그래도 주식투자… 뭔가 불안한데."

"신앙적으로도 괜찮은 일인가?"

"돈에 마음을 빼앗기면 어떡하지?"

이런 질문은 매우 건강한 고민입니다. 저 역시 처음엔 같은 고민에서 출발했습니다. 그렇기 때문에 다음 장에서는 이 솔직한 질문과 정면으로 마주하고자 합니다. "주식투자, 정말 괜찮을까?"라는 물음에 대해 일반적인 재테크 조언이 아니라 신앙적 관점과 현실적 지혜를 바탕으로 여러분 마음에 자리한 불안과 의문을 어떻게 이해하고 풀어 갈 수 있을지 함께 살펴보고자 합니다.

주식투자, 정말 해도 되나요?

혹시 '주식투자'라고 하면 어떤 모습이 먼저 떠오르나요? 복잡한 차트, 수많은 경제 지표, 난해한 전문 용어들이 머릿속을 스쳐 지나갈지 모릅니다. 하루에도 수십 번씩 요동치는 그래프를 보고 있으면 '나는 이런 건 도저히 못 하겠어. 이건 전문가들이나 하는 일이지' 하고 고개를 저었던 경험, 누구나 한번쯤은 있을 겁니다.

저도 그랬습니다. '주식'이라는 단어를 들으면, 왠지 차갑고 복잡한 숫자들과 어려운 경제 용어들만 가득 떠오르곤 했습니다. 어디서부터 시작해야 할지 막막했고, 괜히 마음만 무거워졌지요. 그런데 성경 속 한 장면을 통해 주식시장을 조금 더 쉽게 이해할 수 있는 그림을 떠올리게 되었습니다.

아브라함과 롯

아브라함은 하나님께 받은 복으로 많은 재산과 가축, 종들을 거느린 일종의 기업가였습니다. 그는 땅을 일구고 가축을 돌보며 자신의 기업을 성실하게 성장시켜 갔습니다. 반면 그의 조카 롯은 직접 기업을 세운 사람은 아니었지만, 아브라함과 함께 머물며 움직이는 가운데 자신의 재산과 가축을 불려 갔습니다.

말하자면 아브라함은 기업을 세우고 성장시킨 창업자였고, 롯은 그 기업에 참여하여 함께 성장한 투자자였습니다. 주식시장의 기본 구조도 이와 비슷합니다. 한 기업이 더 나은 상품과 서비스를 만들어 성장하면, 그 기업에 투자한 사람들 역시 그 열매를 함께 누리게 되는 것이죠.

최근 10년간 경제·경영 분야 베스트셀러 1위를 차지한 《돈의 속성》의 저자 김승호 회장도 이 점을 명확히 짚어 주었습니다.

> 이미 한 분야에서 1등 기업으로 경영을 잘하고 있는 회사들이 있다. 그들은 회사의 가치를 수백만, 수천만 조각으로 나눠 그 조각 한 개를 주식이라 부르고, 그 주식을 아무나 사고팔 수 있도록 만들어 놨다. 이런 회사의 주식을 갖고 있으면 회사가 커질수록 주식 가치가 올라가는데, 해마다 혹은 분기마다 이익을 분배해서 나눠 주기도 한다. 잘나가는 기업, 능력이 좋은 경영자를 찾아 그 회사의 주식을

이 말을 곱씹어 보면, 주식투자는 주가의 등락을 보며 조급해하는 일이 아님을 알 수 있습니다. 기업의 주식을 산다는 것은 그 기업의 비전과 성장을 함께 바라보고, 그 결실이 나에게도 나눠지기를 기대하며 동행하는 행위입니다. 즉, 기업이 성장하면 투자자도 함께 성장하는 구조입니다.

하지만 안타깝게도 실제 주식시장 안에는 이 본질을 잊은 투자 방식들이 넘쳐납니다. 인터넷 커뮤니티에는 단타로 사고팔아 수익을 올렸다는 이야기, 특정 테마주에 올라타 며칠 만에 몇 배를 벌었다는 이야기들이 하루에도 수십 번씩 오르내립니다. 주변에서도 "누가 어떤 종목으로 큰돈을 벌었다더라"는 소문이 종종 들려오지요.

그러나 이런 방식은 '투자'라기보다 '투기'에 가깝습니다. 그리고 대부분의 경우, 그 결말은 실패입니다. 주식시장에서 단기 가격 변동에만 집착하는 태도는 도박과 다르지 않습니다. 진짜 투자는 기업의 본질적 가치에 집중하고, 그 성장을 신뢰하며, 긴 안목으로 기다리는 것입니다.

주식투자, 특별한 사람만 할 수 있다?

그럼에도 주식투자라고 하면 여전히 '특별한 사람들만 할 수 있는 일'처럼 느껴지나요? 사실 그렇지 않습니다. 예전에는 증권사에 직접 방문해 서류를 작성하고 기다리는 번거로움이 있었지만, 지금은 스마트폰 하나면 누구나 쉽게 시작할 수 있습니다. 따라서 이제 중요한 질문은 "할 수 있을까?"가 아니라 "어떤 마음과 태도로 할 것인가?"입니다.

끝으로 기억해야 할 것은, 성경이 선한 투자를 금지하지 않는다는 사실입니다. 돈은 그 자체로 선하거나 악하지 않습니다. 성경은 이렇게 말씀합니다.

돈을 사랑함이 일만 악의 뿌리가 되나니. (디모데전서 6:10)

위의 말씀에서 볼 수 있듯이, 문제는 돈 그 자체가 아니라 돈을 사랑하는 마음, 곧 탐욕입니다. 그렇기에 주식투자도 탐욕에 이끌리지 않고 성실한 관리와 기다림의 태도로 임한다면 신앙과 모순될 이유가 없습니다.

좋은 기업에 투자하고, 그 기업이 세상을 더 이롭게 만들어 가는 과정을 함께 지켜본다는 것은 수익을 내는 행위를 넘어섭니다. 작은 몫이라도 세상의 선한 변화에 동참하는 길이 될 수 있기 때문입니다. 결국 주식투자에서 우리가 진짜 고민해야 할 질문은 "해야 할까, 하지 말아야 할까?"가 아닙니다. "나는 어떤 마음으로, 어떤 기준을 가지고 참여할 것인가?"를 묻는 것이야말로 크리스천 투자 자로서의 첫걸음입니다.

무엇이 가정의 화목을 깨뜨리는가?

앞서 우리는 주식투자가 가장 현실적인 재테크 수단이라는 점을 확인했습니다. 그러나 진정한 투자의 출발점은 증권사계좌를 만들거나 종목을 선택하는 데 있지 않습니다. 그보다 먼저 우리의 가정 재정을 있는 그대로 솔직히 들여다보는 일이 반드시 선행되어야 합니다.

요즘 텔레비전을 켜면 부부 상담 프로그램이 쏟아집니다. 〈오은영 리포트-결혼 지옥〉, 〈이혼숙려캠프〉 같은 프로그램을 본 적이 있을 겁니다. 저 역시 처음에는 '왜 저렇게까지 싸우나' 싶었는데, 어느 순간 그 갈등 속에 제 가정의 모습이 겹쳐 보였습니다. 그리고 그러한 프로그램에서 반복적으로 드러나는 갈등의 뿌리는 언제나 같았습니다. 바로 '돈'이었습니다!

> "부부의 발목을 잡는 돈 문제, 카드값 때문에 예물까지 판 남편"
>
> "빚내서 해외여행을 간다? 아내 소비습관에 폭발한 남편"
>
> "금전적 신뢰 깨진 폭탄 부부, 무리한 할부에 리볼빙까지"

유튜브에서 흔히 볼 수 있는 이런 자극적인 썸네일들은 방송용 설정이 아닙니다. 지금 이 순간에도 수많은 가정이 실제로 겪고 있는 현실을 반영한 것입니다. 경제적으로 여유 있는 가정이라 할지라도, 돈을 둘러싼 불신과 무질서 때문에 결국 관계가 무너지는 모습을 우리는 자주 목격합니다.

사실 돈은 선도 악도 아닌 중립적인 도구입니다. 그러나 그 도구를 어떻게 다루느냐에 따라, 가정은 꽃을 피울 수도, 반대로 송두리째 꺾일 수도 있습니다. 카드 명세서를 숨기고, 몰래 적금을 깨고, 충동적으로 빚을 내 투자하는 순간들. 이런 작은 균열들이 결국 부부간의 신뢰를 갉아먹고, 회복하기 어려운 감정의 벽을 쌓아 올립니다.

이쯤에서 우리는 물어야 합니다. 왜 돈은 이렇게까지 관계를 흔들어 놓을까요? 경제적 문제는 그저 돈의 액수에서 비롯되지 않습니다. 그 안에는 소통의 부재, 책임의 회피, 신뢰의 붕괴와 같은 더 근본적인 문제가 숨어 있습니다. 어떤 가정은 수입이 많아도 늘 불안정하고, 또 어떤 가정은 적은 수입으로도 평안을 누립니다. 결국 돈의 문제는 금액의 많고 적음이 아니라 돈을 바라보는 태도와 가정의 질서에 달려 있습니다.

우리 가정의 재정은 하나님의 질서를 따르고 있는가

여기서 한 가지 더 솔직하게 나누고 싶은 사실이 있습니다. 우리 크리스천 가정들도 이 문제에서 결코 자유롭지 않다는 점입니다. 교회에서는 환한 미소로 인사하고 은혜를 나누지만, 집에 돌아오면 카드값 청구서를 붙들고 깊은 한숨을 쉬거나, 돈 문제로 배우자와 언성이 높아지는 일이 낯설지 않습니다.

성경은 이런 현실을 결코 가볍게 다루지 않습니다.

> 누구든지 자기 친척, 특히 가족을 돌보지 않으면, 그는 벌써 믿음을 저버린 사람이요, 믿지 않는 사람보다 더 나쁜 사람입니다. (디모데전서 5:8, 새번역)

가정을 돌본다는 것은 정서적 돌봄뿐만 아니라 경제적 책임까지 포함하는 일입니다. 아무리 교회 봉사에 열심을 내고, 매일 기도와

큐티를 이어 간다 해도 재정이 무질서하고 방치되어 있다면, 그것은 건강한 믿음이라 말하기 어렵습니다. 신앙은 말씀을 아는 데서 그치지 않고 그 말씀을 일상에서 살아내는 것이기 때문입니다.

돈 문제는 단지 계산의 영역이 아닙니다. 그것은 우리의 신앙이 실제 생활에서 어떤 모습으로 나타나는지를 확인하게 하는 척도입니다. 냉정하게 말하면, 돈만큼 우리의 가치관과 믿음의 깊이를 적나라하게 드러내는 것도 드뭅니다. 안타깝게도 한국 교회 안에서는 이 주제가 여전히 충분히 가르쳐지지 않고 있습니다. 저 역시 모태신앙으로 자랐지만, 교회에서 '신앙과 재정이 어떻게 연결되는가'를 체계적으로 배워 본 기억이 거의 없습니다.

"자녀에게 믿음의 유산을 물려줍시다." 가정의 달마다 교회에서 흔히 듣는 구호입니다. 물론 매우 소중한 가치입니다. 그러나 여기에 한 가지 중요한 전제가 빠져 있습니다. 재정 생활에 대한 바른 이해와 실천이 동반되지 않는 믿음의 유산은 현실 속에서 힘을 잃고, 공허한 구호로 남을 수 있다는 사실입니다. 신앙은 예배당 안에만 머무는 열심이 아닙니다. 삶 전체에 스며드는 방향성이어야 합니다. 우리가 돈을 어떻게 벌고, 쓰고, 관리하고, 나누는지를 배우고 실천하지 않는다면, 신앙은 삶과 분리된 채 깊이 뿌리 내리지 못합니다.

그래서 재정을 대하는 태도는 곧 가장 현실적인 신앙 교육이 됩니다. 부모가 보여 주는 모습이 자녀에게는 무엇보다 생생한 교과

서이기 때문입니다. 그렇다면 우리는 질문해야 합니다. "우리 가정의 재정은 하나님의 질서를 따르고 있는가?" 과연 이 물음 앞에서 자신 있게 "그렇다"라고 말할 수 있을까요?

투자도 마찬가지입니다. 핵심은 '어떤 종목을 사느냐'는 기술이 아닙니다. 그보다 먼저 우리 가정의 기초가 건강하게 세워져 있는지를 점검하는 일이 우선입니다. 수입과 지출이 투명하게 관리되고 있는지, 불필요한 소비를 줄이기 위해 부부가 충분히 대화하고 있는지, 투자 가능한 여유 자금이 확보되어 있는지, 장기 재정 목표에 대해 가족 간에 합의가 이루어져 있는지를 살펴야 합니다. 이러한 기초가 제대로 마련될 때 비로소 투자는 가정을 지탱하고 세우는 실제적인 도구가 될 수 있습니다.

그리고 이제, 우리의 가정을 하나님의 질서 안에 세우기 위한 첫걸음이 분명해집니다. 바로 우리 집 돈의 흐름을 정확히 파악하고, 새어 나가는 부분을 막는 것입니다. 그 가장 단순하면서도 확실한 도구가 '가계부'입니다. 직접 기록하고 눈으로 확인하는 습관은 재정을 정직하게 드러내고, 무너진 질서를 회복하는 강력한 수단이 됩니다. 다음 장에서는 가계부를 어떻게 쓰고, 어떤 방식으로 재정을 점검할 수 있는지 구체적인 방법을 살펴보겠습니다.

우리 집 돈 누수를 막으라

2025년 1월부터 저는 목회자를 위한 '쉬운 주식투자 세미나'를 온라인으로 진행하고 있습니다. 그 과정에서 발견한 가장 놀라웠던 사실은, 실제로 가계부를 꾸준히 쓰는 분이 거의 없다는 점입니다. 요즘은 손으로 쓰지 않아도 스마트폰 앱 하나면 손쉽게 기록할 수 있는데도, 정작 가정의 돈이 어디서 들어오고 어디로 흘러가는지 제대로 파악하고 있는 분은 손에 꼽을 정도였습니다.

가계부, 건강한 재정 설계를 위한 기초 도면

눈코 뜰 새 없이 바쁜데 언제 기록하냐고요? 그런데 이건 '가계부를 쓰느냐, 안 쓰느냐'의 문제에 그치지 않습니다. 비유하자면, 설계도 없이 집을 짓는 것과 같습니다. 기초가 부실하면 아무리 화려한 외관을 쌓아 올려도, 언젠가는 무너질 수밖에 없습니다. 마찬가지로, 재정 관리의 기본틀 없이 투자부터 시작하는 것은 결국 모래 위에 집을 짓는 일과 다르지 않습니다. 아무리 투자 공부를 열심히 해도, 기초가 없는 상태에서는 오래 버틸 수 없습니다.

많은 분들이 이렇게 말씀하십니다. "가계부요? 예전에 몇 번 써 봤는데 귀찮아서 오래 못 했어요." "어차피 매달 나가는 건 뻔하니까 굳이 안 써도 머릿속에 다 들어 있습니다."

하지만 저는 이렇게 대답합니다. "머릿속 계산과 실제 지출은 다를 수 있습니다!"

저 역시 가계부를 써보기 전에는 몰랐습니다. 막상 기록을 시작하고 나서야 깨달은 것이 있습니다. 우리의 소비는 생각보다 훨씬 습관적이고, 감정적이며, 비논리적이라는 사실 말입니다. 스스로는 계획적으로 소비하고 있다고 믿지만, 기록을 들여다보면 자주 놀라게 됩니다. '내가 이걸 이렇게 자주 샀다고?' '언제 이렇게 많이 썼지?' 특히 매일같이 새어 나가는 지출은 머릿속 기억만으로는 결코 정확히 파악할 수 없습니다.

가계부는 단순히 '얼마를 썼다'를 적는 장부가 아닙니다. 가계부는 우리 가정의 소비습관을 객관적으로 보여 주는 거울이며, 건강한 재정 설계를 위한 기초 도면입니다. 무엇보다 직접 기록해 보지 않으면 절대 볼 수 없는 실체를 드러내 줍니다. 예를 들어, 한 달 동안 커피값에 얼마를 썼는지, 다이소에서 무심코 집어 든 생활용품이 얼마나 누적되는지, 그리고 왜 매달 카드값은 예상보다 늘 많이 나오는지를 알게 되는 건, 희미한 기억이 아니라 가계부를 통한 선명한 기록 덕분입니다.

저 역시 가계부를 쓰기 시작하고 나서야 비로소 돈의 흐름이 눈에 들어오기 시작했습니다. 사실 저희 부부도 처음에는 공유 가계부 앱을 사용하는 일이 귀찮고 번거롭게만 느껴졌습니다. 하지만 꾸준히 기록하다 보니 어느새 작은 변화들이 보였습니다. "이건 줄일 수 있겠다." "이건 꼭 지금 사지 않아도 되겠네." 지출을 바라보는 눈이 달라진 겁니다.

그래서 세미나를 진행할 때마다 꼭 내는 과제가 있습니다. 바로 한 달 동안 가계의 수입과 지출을 직접 가계부에 기록해 보는 숙제입니다. 처음엔 다들 시큰둥한 표정으로 받아들이지만, 막상 해 보고 나서는 하나같이 이렇게 말씀하십니다. "목사님, 실제로 가계부를 써보니 이렇게 돈이 새어 나가고 있었네요. 그전에는 전혀 몰랐습니다."

그 고백 속에는 단지 놀라움만 담겨 있지 않습니다. 앞으로의 재정 생활을 어떻게 바꿀 수 있을지에 대한 새로운 기대와 통찰이 함께 들어 있습니다. 작은 기록이지만, 그 안에서 우리의 습관이 새롭게 형성되고 미래를 향한 가능성이 열리는 것이죠.

우리 집 가계부를 공개합니다

본격적으로 저희 가정에 일어난 변화를 나누기에 앞서, 먼저 우리나라 가구의 월평균 소득과 지출 구조를 살펴보겠습니다. 그래야 우리 가정이 지금 어떤 위치에 있는지를 가늠할 수 있으니까요. 그 흐름을 가장 잘 보여 주는 자료가 바로 통계청에서 매 분기 발표하는 '가계동향조사'인데요, 그중 2024년 4분기 조사 결과를 바탕으로 정리한 내용입니다(78쪽 도표).

첫 번째 도표는 전국 가구를 소득 수준에 따라 5분위로 나누어, 월평균 총소득과 총지출, 그리고 흑자액을 보여 줍니다. 두 번째 도표는 지출을 항목별로 나누어, 각 소득 분위가 어떤 부분에 가장 많은 돈을 쓰고 있는지를 나타냅니다. 이 결과를 보면 소득 수준과 관계없이 모든 분위에서 식료품비, 주거비, 식비(외식비)가 가장 큰 비중을 차지하고 있습니다. 특히 소득이 낮을수록 이 세 항목에 쓰는 비율이 현저히 높습니다.

예를 들어, 1분위 가구는 전체 소비의 53.9%, 2분위는 48.3%, 3분위는 43.4%를 이 세 항목에 지출하고 있습니다. 그뿐만 아니라 소득이 낮을수록 '소비성향', 즉 소득 대비 소비 비율도 더 높게 나타나는 경향을 보입니다. 대표적으로 1분위 가구의 평균 소비성향은 133.6%로, 매달 벌어들이는 소득보다 더 많은 돈을 지출하는 구조입니다. 이는 과소비가 아니라, 기본적인 생활을 유지하기 위

소득 분위별 월 총소득·총지출 현황

(단위: 만 원)

소득 분위 \ 항목	1분위	2분위	3분위	4분위	5분위
총소득	121.3	291.0	440.6	634.2	1119.9
총소비지출	156.2	241.5	365.2	473.5	718.6
흑자액	-34.9	49.6	75.4	160.7	401.4
흑자율(%)	-33.6	20.1	21.5	31.5	45.0

[출처: 통계청 2024년 4/4분기 가계동향조사]

소득 분위별 월 소비성향·세부지출 현황

(단위: 만 원)

소득 분위 \ 항목	1분위	2분위	3분위	4분위	5분위
평균 소비성향(%)	133.6	79.9	78.5	68.5	55.0
식료품·비주류음료	29.2	32.3	41.0	49.4	59.5
주류·담배	2.6	3.3	4.1	4.1	4.3
의류·신발	6.6	10.1	14.6	21.7	32.0
주거·수도·광열	27.5	31.6	35.4	37.5	42.3
가정용품·가사서비스	5.6	7.5	11.0	14.1	23.2
보건	16.9	19.9	25.3	30.2	41.8
교통	10.1	22.3	33.1	37.3	58.4
통신	5.3	9.0	13.4	16.3	19.0
오락·문화	6.9	11.4	18.1	25.8	45.4
교육	1.2	4.1	15.5	28.2	41.5
음식·숙박	17.7	31.3	43.3	57.6	77.4
기타	8.8	14.4	21.2	27.5	44.8
비소비 지출*	17.7	44.3	89.1	123.8	228.8

[출처: 통계청 2024년 4/4분기 가계동향조사]
*비소비 지출은 소비로 분류되지 않는 세금·보험료·이자 등을 일컫는다.

한 지출이 큰 비중을 차지할 수밖에 없는 현실을 보여 줍니다.

그렇다면 여기서 자연스럽게 이런 질문이 떠오릅니다. "수입이 빠듯한 상황에서도 재정 흐름을 바꾸는 일이 가능할까요?"

아내와 저는 초등학생 자녀 한 명을 키우는 맞벌이 부부인데요, 통계상으로는 소득 3분위(440만 원)를 조금 넘는 수준에 해당합니다. 예전에는 우리 가정도 다른 집들처럼 배달 음식을 정말 자주 시켜 먹었습니다. 주말이나 휴일엔 "오늘은 그냥 시켜 먹자" 하곤 했고, 평일에도 피곤하거나 귀찮을 때면 별다른 고민 없이 배달앱부터 켜는 게 습관처럼 되어 있었죠. 이렇게 하면 당장은 배가 불렀지만, 시간이 지날수록 왠지 모를 허전함이 남았고 만족감도 점점 줄어들었습니다. 그뿐 아니라 기름지고 자극적인 음식과 달달한 디저트를 자주 먹다 보니 건강도 서서히 나빠지고, 카드값 수십만 원이 우습게 나왔습니다.

그래서 어느 날, 우리 집 식탁 문화를 한번 바꿔 보기로 결심했습니다. 지금은 외식과 배달 음식을 한 달에 두 번으로 정해 두고, 그 기준을 지키려고 애쓰고 있습니다. 놀라운 건, 횟수를 과감히 줄였는데도 오히려 만족도는 더 높아졌다는 사실입니다. 실제로 외식하는 날이 다가오면 "이번엔 뭐 먹을까?" 하며 온 가족이 설레고, 아이는 그날을 손꼽아 기다리곤 합니다. 예전처럼 아무 때나 소비하던 시절에 비해 지금은 적게 쓰면서도 소비의 질과 만족도는 더 커진 것이죠.

가계부 세부 지출 내역 현황

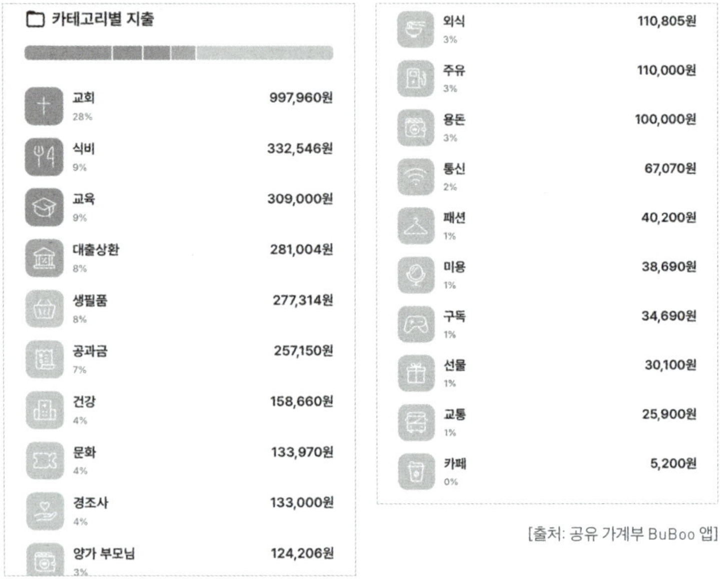

[출처: 공유 가계부 BuBoo 앱]

그리고 한 가지 더 덧붙이자면, 식재료를 관리하는 습관에도 큰 변화를 만들어 냈습니다. 예전엔 만두나 피자 같은 냉동식품이 쌓여 있었고, 유통기한을 놓쳐 버리는 일도 자주 생기곤 했습니다. 새 제품을 통째로 버릴 때마다 "아깝다…"는 말이 절로 나왔고, 마음도 괜히 씁쓸했지요. 가계부를 작성한 뒤로는 장을 보기 전에 냉장고부터 먼저 확인하는 습관이 생겼습니다. 뭐가 남아 있는지 미리 살펴보니까, 초특가 핫딜이 떠도 쉽게 흔들리지 않고 꼭 필요한 것만 사게 되더라고요. 이 습관을 꾸준히 실천하면서 식비 절약 효과가 생각보다 훨씬 크게 다가왔습니다.

이렇게 작은 습관들이 쌓이자, 어느새 한 달 평균 175만 원이라는 기분 좋은 여유가 생겼습니다. 3분위 가구의 평균 흑자액이 117만 원이라는 점을 고려하면, 우리는 그보다 약 50% 더 많은 여유를 확보한 셈이죠. 소득은 그대로이지만, 돈의 흐름이 달라지니 결과가 바뀌었습니다. 물론 소득이 늘어나면 더 좋겠지요. 하지만 우리가 가장 먼저 해야 할 일은 새고 있는 구멍을 막는 일임을 분명히 깨달았습니다.

우리 가정은 이 여유 자금 가운데 10만 원은 자녀 명의로, 나머지 165만 원은 부부 명의로 매달 꾸준히 투자하고 있습니다. 저희 가족은 이 돈을 '가정 성장 펀드'라고 부르는데요, 돈을 쌓아 두는 데 목적이 있지 않고 가족의 미래를 위한 장기적인 씨앗이라고 생각합니다. 특히 165만 원을 매달 적립하기로 정한 이유는 간단합니다. 이 금액을 5년간 꾸준히 모으면 원금만으로도 1억 원에 가까운 자산이 마련되기 때문입니다.

여기서 중요한 것은 소비를 줄여 여윳돈을 만들었다는 사실이 아니라, 이제 그 돈이 우리 가족을 더 단단하게 세워 가는 자산으로 흘러가기 시작했다는 점입니다. 앞으로 이 여유 자금은 자녀의 교육과 진로탐색, 어학연수 같은 새로운 기회를 열어 줄 수도 있고, 가족의 건강·여행·노후 준비를 위한 든든한 기반이 될 수도 있습니다. 또한 선교와 구제 등 하나님 나라를 위해 더 넉넉히 섬길 수 있는 여지가 생겼다는 것 자체가 우리 가정에 주신 큰 은혜입니다. 이렇게 하루하루 절제하며 쌓아 올린 작은 선택들이 우리 가족의 삶의 반경을 넓히고, 더 의미 있고 풍성한 방향으로 이끌고 있는 것입니다.

이 모든 변화는 사실 아주 단순한 출발에서 시작됐습니다. 바로 가계부 쓰기입니다. 우리 집 가계부를 보면 아시겠지만, '얼마를 썼다'는 숫자만 적는 게 아닙니다. 커피 한 잔, 김밥 한 줄, 구독 서비스 하나까지 꼼꼼히 기록하면서 돈의 흐름을 들여다봅니다. 그렇게 일상에 숨어 있던 작은 낭비들을 찾아내고 줄여 가다 보니, 어느새 소비의 구조 자체가 달라졌습니다. 저희 가계부에 '절약'이라는 단어가 크게 쓰여 있진 않지만, 항목 하나하나마다 절제와 균형이 배어 있습니다. 그리고 바로 그 습관이 지금의 결실을 만들어 냈습니다.

사실 이것은 결코 어렵거나 특별한 재능이 필요한 일이 아닙니다. 작은 기록, 소박한 선택, 그리고 꾸준한 실천, 이 세 가지가 쌓이면 누구든지 가정의 재정을 바로 세우고, 삶의 방향까지 새롭게 잡을 수 있습니다. 저희 가정도 그렇게 시작했습니다. 그러니 여러분도 분명히 할 수 있습니다. 시작이 조금 미흡해도 괜찮습니다. 오늘, 가계부 앱을 켜는 그 한 걸음이면 충분합니다.

Biblical Insight_

요셉의 곡식 창고를 준비하라!

성경에서 가장 지혜로운 인물을 꼽으라면, 많은 분들이 요셉을 떠올릴 겁니다. 창세기 41장을 보면 이집트의 왕 파라오가 연이어 두 가지 기묘한 꿈을 꾸죠. 첫 번째 꿈에서는 야윈 일곱 마리 암소가 살진 일곱 암소를 삼켜 버리고, 두 번째 꿈에서는 마른 일곱 이삭이 알찬 이삭을 집어삼킵니다. 파라오는 불길한 기운을 느끼고 나라의 지혜자들을 불러 해몽을 요청하지만 아무도 뜻을 풀지 못했습니다.

그때 감옥에 있던 요셉이 불려 옵니다. 그는 하나님께 받은 지혜로 말하죠. "이 두 꿈은 하나입니다. 앞으로 7년 동안 풍년이 들겠지만, 그 뒤로 7년 동안 무서운 흉년이 찾아올 것입니다. 그리고 그 흉년은 너무 심해, 이전의 풍요를 모두 잊게 만들 겁니다."

그런데 요셉은 단지 해몽만 전하지 않았습니다. "풍년의 기간 동안 곡물을 미리 저장해 두십시오. 그러면 흉년이 닥쳐도 백성들이 굶주리지 않을 수 있습니다." 그의 이 단순하지만 지혜로운 제안은 이집트를 위기에서 건져냈고, 요셉은 이 일로 단숨에 총리의 자리까지 오릅니다.

이 이야기는 고대의 흥미로운 전설에 그치지 않고, 오늘을 살아가는 우리에게 여전히 유효한 지혜를 전합니다. 특히 '노후 준비'라는 관점에서 보면, 요셉의 곡식 창고는 지금 우리에게 실질적이고 깊은 통찰을 줍니다.

현재 우리는 흔히 '100세 시대'라 불리는 시대를 살아가고 있습니다. 예전에는 60세에 은퇴하면 약 20년 정도의 생활비만 준비하면 된다고 여겼지만, 이제는 30년, 길게는 40년까지 소득 없이 지내야 할 수도 있습니다. 더 큰 문제는 이 긴 시간을 떠받쳐 줄 국민연금까지도 불안정하다는 점입니다. 어떤 자료는 2055년 고갈 전망을 내놓고 있고, 상황에 따라 그 시점이 더 앞당겨질 것이라는 분석도 있습니다. 결국 이전 세대보다 훨씬 오래 사는 우리가, 오히려 더 불안정한 노후를 맞이할 가능성이 커졌다는 뜻입니다.

이런 현실 앞에서 우리는 스스로에게 물어야 합니다. "나는 다가올 흉년을 대비해 곡식 창고를 준비하고 있는가?" 통계에 따르면, 한국인은 평균 28세부터 '흑자 인생'에 들어선다고 합니다. 벌이가 지출을 앞지르며 재산을 모을 수 있는 시기가 시작되는 것이죠.

그러나 그 흑자 기간은 약 33년. 61세가 되면 다시 '적자 인생'으로 전환됩니다. 생각보다 짧은 이 33년 동안 준비하지 않는다면, 남은 수십 년은 막막할 수밖에 없습니다. 지금은 여유롭다고 느낄지 몰라도, 30년 뒤 노후자산이 없다면 그 삶은 고단할 것입니다.

더욱이 한국의 노인 빈곤율은 OECD 국가 중에서도 압도적인 1위입니다. 경제적 어려움 때문에 70세, 80세가 넘어도 노동의 수레바퀴를 돌려야 하는 현실. 이것은 나와는 먼 뉴스 속 이야기가 아닙니다. 준비하지 않는다면 누구에게나 닥칠 수 있는 우리의 이야기입니다.

성경은 요셉을 통해 분명한 메시지를 전합니다. "풍년일 때 흉년을 준비하라." 이것은 절약 팁이나 경제 전략이 아닙니다. 하나님께서 가르쳐 주신 재정의 질서입니다. 요셉은 풍요의 때를 흥청망청 소비하지 않았습니다. 오히려 그 시간을 '준비의 때'로 삼았고, 그 지혜로운 선택은 자신만이 아니라 온 나라를 살렸습니다.

우리도 마찬가지입니다. 지금 주어진 시간과 자원을 의미 있게 사용하고, 지출을 점검하며, 절약과 투자를 병행해야 합니다. 자녀의 교육비, 건강 관리, 은퇴 준비까지 미리 계획해 두어야 합니다. 그렇게 준비된 사람은 흉년 같은 인생의 고비 앞에서도 무너지지 않습니다. 나아가 우리의 곡식 창고는 단지 내 가정을 위한 것에 그치지 않고, 선교와 구제를 통해 하나님의 나라를 넉넉히 섬기는

'믿음의 창고'가 될 수 있습니다.

혹시 지금이 당신에게 풍년의 시기라면, 이 시간을 절대 가볍게 흘려보내지 마십시오. '그때 가서 준비하지 뭐'라는 생각은 막상 위기가 닥쳤을 때 아무런 힘이 되지 못합니다. 지금부터라도 천천히, 적게라도 시작해 보세요. 매달 5만 원, 10만 원도 괜찮습니다. 그 작은 실천이 쌓이고 쌓이면, 미래를 지켜 주는 든든한 곡식 창고가 되어 줄 테니까요.

오늘, 하나님이 주신 이 풍년의 시간.
당신은 어떻게 보내고 계신가요?
당신의 곡식 창고는 지금 잘 채워지고 있나요?

우리는 지금까지 1부 이론편, '왜 투자해야 하는가?'라는 긴 여정을 함께 걸어왔습니다. 금융자본주의 시대를 살아가는 우리가 왜 더 이상 투자를 피할 수 없는지, 또 믿음의 사람으로서 투자 앞에서 어떤 태도를 가져야 하는지를 살펴보았지요. 그리고 성경 속 요셉처럼 미래를 준비하는 삶이야말로 신앙과 현실을 함께 세워 가는 길임을 확인했습니다.

아마 이쯤 되면 마음이 조금은 움직이셨을 겁니다. '그래, 나도 이제 준비해야겠구나.' '무작정 소비만 하던 삶에서 벗어나, 앞을 내다보며 한 걸음씩 나아가야겠어.' 그리고 자연스럽게 따라오는 물음이 있습니다. "그럼 어디에 투자해야 하지?" "어떻게 시작해야 하지?"

바로 이 질문에 답하기 위해, 이제 2부 '전략편'으로 넘어가려 합니다. 어디에 투자해야 하는지, 무엇을 기준으로 선택해야 하는지, 그리고 어떤 마음으로 시장을 바라봐야 하는지. 믿음 안에서 지혜롭게 투자하는 길을 이제는 더 구체적으로 함께 살펴보겠습니다.

2

부

어디에
투자할 것인가?

AI 앞에 선 크리스천 투자자

2024년 2월, 세계 유력 정치인과 정부 관계자, 그리고 글로벌 기업인들이 모여 인류의 미래를 논의한 세계정부정상회의 WGS 가 열렸습니다. 그 자리에서 엔비디아 CEO 젠슨 황은 이렇게 선언했습니다.

"우리는 새로운 산업혁명의 시작점에 서 있습니다."

언뜻 들으면 다소 과장된 표현처럼 느껴질 수도 있습니다. 하지만 지금 세상의 변화를 돌아보면, 결코 가볍게 흘려들을 수 없는 말입니다. 이미 우리의 일상은 AI라는 단어를 빼고는 설명하기 어려울 만큼 빠르게 달라지고 있으니까요.

시대는 언제나 기술을 통해 재편되어 왔습니다

생각해 보면, 인류의 역사는 언제나 새로운 기술이 인류 문명의 패러다임을 바꾸어 왔습니다. 첫 번째 거대한 전환점은 18세기 중기기관의 발명으로 시작된 산업혁명이었지요. 수천 년 동안 인간과 동물이 감당해 왔던 노동을 기계가 대신하게 되면서, 세상의 질서 자체가 완전히 새로 짜였습니다. 이어서 찾아온 전기의 발견과 보급은 또 다른 혁명을 불러왔습니다. 전등과 모터가 일상의 풍경을 바꾸었고, 전화와 라디오 같은 아날로그 통신의 등장은 인류의 소통 방식을 근본적으로 탈바꿈시켜 새로운 생활 문화를 열어 주었습니다.

그리고 20세기 후반, 인류는 디지털 혁명이라는 거대한 물결을 맞이하게 됩니다. 그 첫 번째 파도는 1980년대 개인용 컴퓨터PC의 등장으로 시작되었지요. 이전까지 컴퓨터는 기업이나 정부 기관에서만 다루던 거대한 기계였지만, 이제는 개인의 책상에 놓일 수 있는 작은 박스로 축소되었습니다.

이 시기에 IBM, 애플, 마이크로소프트 같은 신생기업들이 세상의 주목을 받기 시작했습니다. IBM은 PC 산업의 표준을 만들었고, 애플은 매킨토시를 통해 사용자 친화적인 디자인으로 대중의 시선을 사로잡았습니다. 마이크로소프트는 MS-DOS와 윈도우를 출시하면서 소프트웨어를 기반으로 운영체제라는 새로운 질서를 세웠습니다.

그 작은 박스 안에는 단순히 계산기를 넘어 세상을 바꿀 수 있다는 가능성이 담겨 있었습니다. 가정과 학교, 직장에 PC가 보급되면서 우리는 처음으로 '개인이 기술을 통해 새로운 변화를 창출할 수 있다'는 경험을 하기 시작한 것이죠. 이 흐름은 곧 정보와 지식이 특정 집단의 전유물이 아니라 모두의 손에 쥐어질 수 있는 시대의 서막을 알렸습니다.

두 번째 물결은 1990년대 후반에 확산된 인터넷 혁명입니다. 그전까지 인터넷은 소수 전문가나 연구자들의 영역이었지만, 1994년 넷스케이프가 내놓은 넷스케이프 내비게이터Netscape Navigator라는 웹 브라우저가 등장하면서 상황이 달라졌습니다. 일반인들도 손쉽게 웹을 탐색할 수 있게 되면서 인터넷은 순식간에 대중화되었고, 이후 마이크로소프트의 인터넷 익스플로러가 경쟁에 뛰어들며 본격적인 브라우저 전쟁이 시작되었습니다.

웹 브라우저의 대중화와 함께 이메일, 포털사이트, 온라인 쇼핑 같은 디지털 문화가 세상을 뒤흔들었습니다. 이 시기에 구글과 아마존이라는 이름이 세상의 전면에 등장했고, '닷컴 버블'이라는 광풍이 일어날 정도로 인터넷 산업이 폭발적으로 성장했습니다.

세 번째 물결은 다들 아시는 것처럼, 2007년 아이폰의 등장과 함께 시작된 모바일 혁명입니다. 주머니 속 작은 기계 하나가 우리 삶을 송두리째 바꾸어 놓은 것이죠. 처음에는 "전화기에 인터넷이

들어간다"는 개념이 다소 낯설고 신기하게만 느껴졌습니다. 하지만 시간이 지나면서 스마트폰은 생활의 중심으로 자리 잡게 되었습니다.

페이스북, 인스타그램, 카카오톡 같은 SNS를 통해 전 세계 사람들과 실시간으로 연결되었고, 쿠팡과 아마존 같은 온라인 쇼핑 플랫폼은 소비문화를 완전히 바꿔 놓았습니다. 또한 유튜브와 넷플릭스 같은 스트리밍 서비스는 우리가 음악을 듣고 영화를 즐기는 방식을 혁명적으로 뒤흔들었습니다. 스마트폰은 편리함을 넘어 우리의 관계 맺기 방식과 소비 습관, 여가와 학습의 흐름까지 완전히 재편한 거대한 변화의 분기점이 되었습니다.

그리고 지금, 우리는 네 번째 물결인 'AI 혁명'을 이미 일상 속에서 경험하고 있습니다. 아직도 많은 사람들이 AI를 가볍게 스쳐 지나갈 유행이나 기술적 실험 정도로 오해하고 있습니다. 하지만 자세히 들여다보면, AI의 적용 범위와 영향의 깊이는 이전의 어떤 기술혁신과도 비교할 수 없을 만큼 압도적입니다.

학자들은 이런 기술을 '범용 기술'general purpose technology이라고 부릅니다. 앞서 살펴본 증기기관과 전기가 여기에 속했지요. 증기기관은 사람의 노동을 대신하며 산업구조를 완전히 바꿔 놓았고, 전기는 세상을 24시간 멈추지 않는 사회로 이끌었습니다. 그런데 AI는 이 두 영역을 훌쩍 넘어섭니다. 이제는 모든 산업과 직업은 물론 우리의 사고방식과 가치관, 심지어 신앙의 모습까지도 변화시키고 있습니다. 편리함의 차원을 넘어 인간의 삶 전반을 다시 정의하는 거대한 전환이 이미 시작된 것입니다.

특히 주식시장을 보면, 기술 혁명의 흐름이 기업의 성장과도 놀랍도록 일치합니다.

- PC의 시대에는 IBM, 애플, 마이크로소프트 같은 기업들이 중심에 섰습니다.
- 인터넷 시대가 도래하면서는 아마존, 구글, 이베이, 페이팔 등 디지털 플랫폼 기업이 무대를 장악했습니다.
- 모바일 시대로 넘어가면서는 애플, 삼성전자, 퀄컴, 메타(페이스북), 넷플릭스 등이 우리의 삶 구석구석을 재구성했습니다.

AI에 대한 신앙적 상상력과 교회의 응답

기술은 또한 교회를 변화시켜 왔습니다. 루터의 종교개혁이 가능했던 것도 인쇄술이라는 '혁신 기술' 덕분이었습니다. 인터넷은 선교의 물리적 장벽을 허물었고, 팬데믹 동안 온라인 예배는 교회를 멈추지 않게 했습니다.

그렇다면 AI는 어떨까요? 2025년 4월, 미국 텍사스에서 열린 '미서널 AI 2025' 국제 콘퍼런스에는 전 세계 30개국의 크리스천 기술자, 목회자, 선교 단체가 모였습니다. 주제는 분명했습니다. "AI가 어떻게 하나님 나라를 위해 쓰일 수 있을까?" 그 자리에서 발표된 활용 사례들은 놀랍도록 현실적이었고, 동시에 깊은 울림을 주었습니다.

- **AI 기반 성경 번역**: 인터넷이 닿지 않는 오지에서도 사용할 수 있는 오프라인 기기를 통해, 복음이 가려졌던 지역에 성경이 전달됩니다.

- **양육과 상담 챗봇**: 24시간 언제든 준비된 AI가 초신자의 질문에 응답하고, 가까운 지역 교회와 자연스럽게 연결되도록 돕습니다.

- **선교 전략 최적화**: 빅데이터와 AI 분석을 활용해 언어·문화·접근성 등을 고려한 맞춤형 선교 전략을 세우고, 자원을 더 지혜롭게 배분할 수 있습니다.

- **장애인 사역 보조**: 청각·시각 장애인을 위한 AI 음성·텍스트 변환 기술이 예배와 말씀에 대한 접근성을 한층 넓혀 줍니다.

여기서의 핵심은 분명합니다. AI가 본질적인 사역을 대신하는 것이 아니라 사람을 돕는 '보조 도구'로 쓰인다는 점입니다. 기술은 어디까지나 도구일 뿐 중심은 언제나 사람이며, 궁극적으로는 성령의 인도하심이 핵심입니다. 이것이 바로 AI를 향한 신앙적 상상력입니다. 기술이 인간을 대체하는 것이 아니라 우리가 하나님을 더욱 닮아 가는 자리로 이끌어 주는 도구가 되는 것. 이것이야말로 AI 시대를 살아가는 교회가 붙들어야 할 방향입니다.

이제는 어디에 투자할 것인가

우리는 지금 거대한 전환의 초입에 서 있습니다. 기술적으로도, 신앙적으로도, 그리고 투자라는 관점에서도 이 시기는 매우 중요한 분기점입니다. AI는 분명 우리에게 위협이 될 수 있지만, 동시에 복음 사역을 돕는 유익한 도구가 될 수도 있습니다. 결국 문제는 기술 그 자체가 아닙니다. 그것을 어떻게 바라보고 어떻게 활용하느냐에 달려 있습니다. 우리는 기도로, 자본으로, 그리고 신앙적 판단으로 그 흐름의 방향에 참여할 수 있습니다.

이제 남은 질문은 분명합니다. "그렇다면 지금 우리가 주목해야 할 시장은 어디일까? 지금, 가장 크게 움직이고 있는 기회는 무엇일까?" 이 중요한 물음에 대한 답을, 다음 장에서 함께 찾아가 보겠습니다.

왜
미국 주식인가?

우리는 AI라는 기술 변화가 일시적 유행이 아니라 새로운 산업 혁명의 시작점임을 살펴보았습니다. 그리고 크리스천 투자자는 그저 유행을 좇는 추종자가 아니며, 그 흐름이 흘러갈 방향을 신앙적 기준으로 분별하고 선택하는 사람이어야 한다는 점도 확인했지요. 그렇다면 이제 자연스럽게 한 가지 질문이 떠오릅니다. "우리는 '어디에' 투자해야 할까?"

세계에는 수많은 투자처가 있지만, 시대의 흐름과 구조, 그리고 기술과 자본의 만남이라는 관점에서 가장 설득력 있는 시장은 단연 미국입니다.

50년 동안 세계의 중심에 있었던 시장

지난 50년 동안 미국은 단 한 번도 글로벌 주식시장의 1위 자리를 내준 적이 없습니다. 세계 경제가 다변화되고 일본·유럽·중국이 차례로 부상했지만, 2025년 미국 증시는 여전히 전 세계 시가총액의 50%가량을 차지하고 있습니다.

이는 미국의 GDP 규모가 크기 때문만은 아닙니다. 미국 주식시장은 상장 기업의 질적 우위와 투명한 회계 기준, 투자자의 권리를 보호하는 강력한 제도적 장치, 그리고 일관된 시장 규칙을 갖추고 있습니다. 이런 요소들이 자본의 신뢰를 끌어당기며, 미국 시장을 전 세계 투자자들이 가장 먼저 찾는 '안전한 투자처'로 만들었습니다.

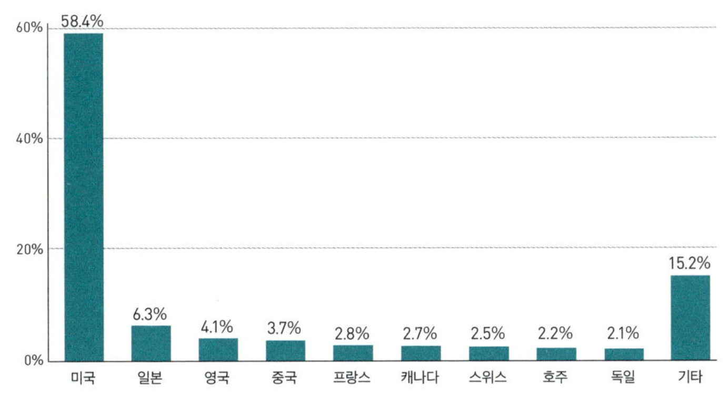

최근 50년간 전 세계 주식시장 점유율 (1970~2022년)

[출처: Dimson·Marsh·Staunton, DMS Database, 2023]

또 하나 주목해야 할 점은, 미국은 내수 시장을 넘어 글로벌 자본의 허브라는 사실입니다. 나스닥과 뉴욕증권거래소에는 세계 각 산업을 주도하는 선도 기업들이 상장되어 있으며, 해외 기업들 또한 미국 시장을 통해 자본을 조달합니다. 예를 들어 중국의 알리바바, 네덜란드의 반도체 공정 장비 제조 기업 ASML, 한국의 웹툰 엔터테인먼트(네이버 웹툰) 같은 기업들이 굳이 미국 증권시장에 상장한 이유가 바로 이것이죠.

결국 미국 증시는 미국만의 시장이 아니라 글로벌 경제의 무대라고 할 수 있습니다. 전 세계의 자본과 기업, 그리고 혁신 기술이 모여드는 곳. 이 독보적 위치는 지난 50년 동안 변함없이 이어져 왔고, 앞으로도 지속될 가능성이 매우 높습니다.

AI 시대, 자본과 기술이 가장 많이 몰리는 시장

AI는 현재 가장 빠르게 성장하고 있는 기술이자, 앞으로 수십 년간 자본시장의 중심이 될 핵심 분야입니다. 그렇다면 이 거대한 기술의 흐름 속에서 가장 많은 투자가 일어나는 나라는 어디일까요? 다국적 정보분석업체 비주얼캐피탈리스트Visual Capitalist가 발표한 자료에 따르면, 지난 11년간(2013~2024년) 미국의 AI 민간 투자 규모는 약 4,700억 달러(약 670조 원)에 달하며, 전 세계에서 단연 압도적인 규모를 기록하고 있습니다.

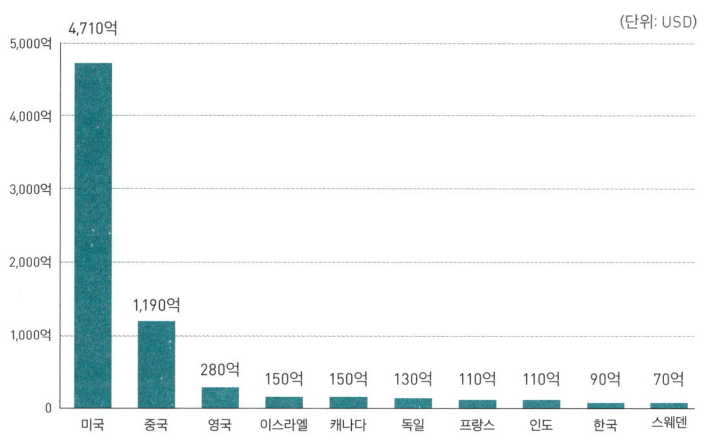

같은 기간 동안 중국은 약 1,190억 달러(170조 원), 영국은 280억 달러(40조 원), 이스라엘과 캐나다는 각각 약 150억 달러(21조 원)를 투자한 것으로 나타났습니다. 한편, 한국의 AI 민간 투자 규모는 90억 달러(약 12조 8,000억 원) 수준으로, 'AI 3대 강국'을 외치고 있는 현실과 비교할 때 주요 국가들과의 격차가 여전히 큰 상황입니다. 결국 이러한 흐름 속에서 AI 혁명을 투자 관점에서 바라본다면, 막대한 투자 규모로 압도적인 1위를 차지하고 있는 미국 시장은 선택의 문제가 아니라 필연적으로 주목해야 할 대상입니다.

세계 최강 기업들의 본거지

2025년 10월 기준, 세계 50대 기업 가운데 34개가 미국 기업입니다. 특히 전 세계 시가총액 상위 10위 안에는 엔비디아, 마이크로소프트, 애플, 아마존, 알파벳(구글), 메타(페이스북), 브로드컴, 테슬라 같은 8개의 미국 기업이 포진해 있는데, 이는 AI 혁명의 최전선에서 미국 기업들의 시장 지배력이 얼마나 공고한지 확인할 수 있는 근거입니다.

엔비디아

2025년 기준 시가총액 세계 1위 기업인 엔비디아는 AI 시대의 핵심 인프라, GPU(그래픽 처리 장치) 기술을 선도하며 말 그대로 'AI 산업의 엔진' 역할을 하고 있습니다. 원래는 게임용 그래픽 칩을 만들던 회사였습니다. 그러나 챗GPT와 같은 생성형 AI 서비스와 대규모 언어모델LLM의 학습과 추론에 필수적인 고성능 칩을 글로벌 데이터센터, 클라우드 기업, 연구기관에 공급하면서 폭발적인 성장을 이루게 되었습니다. 특히 호퍼(2022년), 블랙웰(2024년) 같은 AI 전용칩은 사실상 생성형 AI의 표준 부품으로 자리 잡았고, 수요가 공급을 훨씬 초과할 정도로 시장을 주도하고 있습니다. 앞으로도 루빈(2026년)과 파인만(2028년) 등 차세대 제품군을 내놓을 계획이며, 로봇·자율주행·산업 자동화 등 새로운 영역으로 확장을 준비

전 세계 기업 시가총액 Top20 (2025년 10월 31일 기준)

순위	기업명	국가	시가총액
1	NVIDIA (엔비디아)	미국	$4.930 T
2	Apple (애플)	미국	$3.995 T
3	Microsoft (마이크로소프트)	미국	$3.848 T
4	Alphabet (구글)	미국	$3.396 T
5	Amazon (아마존)	미국	$2.610 T
6	Broadcom (브로드컴)	미국	$1.745 T
7	Saudi Aramco (사우디 아람코)	사우디아라비아	$1.665 T
8	Meta Platforms (메타)	미국	$1.634 T
9	TSMC (대만 반도체)	대만	$1.558 T
10	Tesla (테슬라)	미국	$1.518 T
11	Berkshire Hathaway (버크셔 해서웨이)	미국	$1.029 T
12	JPMorgan Chase (JP모건 체이스)	미국	$846.93 B
13	Walmart (월마트)	미국	$806.69 B
14	Eli Lilly (일라이 릴리)	미국	$773.51 B
15	Oracle (오라클)	미국	$748.64 B
16	Tencent (텐센트)	중국	$737.16 B
17	Visa (비자)	미국	$658.73 B
18	삼성전자	한국	$506.11 B
19	Mastercard (마스터카드)	미국	$495.68 B
20	Exxon Mobil (엑슨모빌)	미국	$487.54 B
26	Alibaba Group(알리바바)	중국	$406.64B
40	SK하이닉스	한국	$299.43B

[출처 : CompaniesMarketCap.com]

하고 있습니다. 이러한 흐름 속에서 엔비디아는 이제 반도체 기업을 넘어 'AI 자체를 상징하는 이름'이 되었습니다.

마이크로소프트

시가총액 2위에 올라 있는 마이크로소프트는, 윈도우와 MS 오피스 등 오랜 소프트웨어 전통 위에 AI 기술을 전략적으로 접목하며 또 한 번의 변화를 이끌고 있는 기업입니다. 2019년부터 챗GPT의 개발사인 오픈AI에 단계적으로 투자해 총 130억 달러(약 18조 원) 이상을 집행했으며, 이를 통해 오픈AI의 최대 파트너이자 이익 공유 지분 약 49%를 보유하게 되었습니다. 덕분에 GPT 모델을 기반으로 한 '코파일럿'Copilot 기능을 자사 소프트웨어와 클라우드 서비스에 통합해, AI를 일상 업무의 핵심 도구로 안착시켰습니다. 또한 자사의 클라우드 플랫폼인 애저Azure를 통해 기업 고객에게 안정적이고 확장 가능한 AI 인프라를 제공하면서, 기술력과 시장 지배력을 동시에 갖춘 AI 시대의 플랫폼 리더로 자리매김하고 있습니다.

오라클

오라클은 원래 데이터베이스와 ERP 소프트웨어로 유명했던 회사입니다. 수많은 기업들이 고객 관리, 회계, 인사 같은 핵심 업무에 오라클의 기술을 사용했죠. 하지만 지금은 소프트웨어 회사를 넘어 클라우드와 AI 인프라 기업으로 변신하고 있습니다. 자사의 OCI_{Oracle Cloud Infrastructure}를 통해 AI 학습과 활용에 필요한 환경을 제공하고, 엔비디아와 협력해 AI 훈련 인프라를 확대하고 있습니다. 또한 ERP, CRM 같은 기존 기업용 소프트웨어에 AI 기능을 내장해, 비용 패턴을 자동 분석하거나 인사 관리에서 인재 이탈 가능성을 예측하는 등 실질적인 도움을 주고 있죠. 즉, 오라클은 과거의 '레거시 기업'이 아니라 클라우드와 AI 시대를 이어 주는 중요한 다리로 다시 주목받고 있는 기업입니다.

그 밖에도 애플, 구글, 아마존, 메타, 테슬라 등도 모두 AI 중심으로 비즈니스 모델을 재편하고 있습니다. 이처럼 혁신의 최전선에서 경쟁하는 기업들이 모여 있는 곳, 그 무대가 바로 미국 주식시장입니다.

주주 중심의 문화와 시스템

미국 주식시장의 특징 중 하나는 기업들이 주주를 대할 때 돈을 배팅하는 투자자가 아니라 함께 걸어가는 동반자로 인식한다는 점입니다. 기업이 벌어들인 수익은 배당금으로 나누어 주거나 자사주를 매입해 주가를 올려 주는 방식으로, 실제 주주에게 되돌아가게 합니다. 또한 기업 경영도 비교적 투명하게 합니다. 이사회 구성, 회계 보고, ESG(환경·사회·지배구조) 공시까지 글로벌 기준에 맞추어 공개되기 때문에, 투자자 입장에서는 '내가 어디에 돈을 맡기고 있는지' 명확히 알 수 있습니다.

더 나아가 소액주주라도 주주총회에서 의견을 표현할 수 있고, 필요할 땐 주주 행동주의라는 제도를 통해 목소리를 낼 수 있습니다. 즉, 주주로서의 권리가 제도적으로 보장되어 있다는 말이죠. 반면 한국을 포함한 일부 아시아 시장은 아직 이런 문화가 자리 잡지 못해, 기업들이 이익을 내더라도 주주에게 직접적으로 돌아오는 혜택은 상대적으로 적은 편입니다. 이런 점에서 주주를 존중하고, 투명하게 경영하며, 성과를 나누는 이 시스템이 바로 미국 시장의 가장 큰 힘입니다.

한국 주식시장은 왜 아직 매력적이지 않은가

이쯤에서 자연스럽게 떠오르는 질문이 있습니다. "한국 사람이라면, 한국 주식부터 해야 하는 거 아닌가요?" 그 질문은 타당합니다. 실제로 많은 투자자들이 한국 시장에 대한 애정과 기대를 가지고 출발합니다. 하지만 투자라는 것이 그저 '가깝다'는 이유만으로 선택할 수 있는 문제는 아닙니다. 아쉽게도 한국 주식시장에는 여전히 넘어야 할 구조적인 한계들이 존재합니다.

낮은 주주 환원율

한국 기업들은 수익이 나더라도 배당금 지급이나 자사주 매입을 통한 주주 환원 비율이 매우 낮은 편입니다. OECD 평균 배당 성향이 40~50% 수준인 데 비해 한국은 20%대 초반에 그치는 경우가 많습니다. 놀랍게도 대만, 태국, 인도네시아 등 한국보다 경제 규모나 1인당 GDP가 낮은 국가들조차 더 높은 배당 성향과 주주 친화 정책을 펼치고 있습니다.

이처럼 한국은 '선진국형 시장'이라는 이름과 달리, 주주의 실질적인 권익 보호와 보상 측면에서는 후진적인 구조를 벗어나지 못하고 있으며, 기업의 이익이 쌓여도 투자자에게 돌아오는 구조가 약하기 때문에 장기 투자자 입장에서는 매력을 느끼기 어렵습니다.

코리아 디스카운트

한국 주식시장은 2011년부터 2024년 초까지 약 13년 동안 사실상 박스권에 갇혀 있었습니다. 코스피 지수는 이 기간 대부분 1,800~2,300포인트 사이를 오르내리며 뚜렷한 상승세 없이 정체되었고, 2021년 초 한때 3,300선을 돌파하기도 했지만 이후 다시 하락해 횡보세를 이어 갔습니다.

이러한 정체의 배경에는 북한 리스크, 정치적 불안정, 예측 불가능한 규제 환경 등 여러 구조적인 문제가 자리하고 있으며, 이로 인해 기업 가치가 실제보다 저평가되는 '코리아 디스카운트' 현상이 지속되고 있습니다. 그 결과, 뛰어난 기업이 있음에도 불구하고 외국인 투자자는 물론 국내 투자자들까지 적극적으로 투자하기를 주저하는 분위기가 형성되어 있는 실정입니다.

주가 조작과 내부자 거래 등 시장 신뢰 훼손

최근 몇 년 사이에도 주가 조작, 내부자 거래, 공시 누락 등의 사건이 반복되면서 시장 전반에 대한 신뢰를 크게 떨어뜨리는 사례가 잇따랐습니다. 이런 환경에서는 투자자가 정당한 수익을 기대하기 어렵고, 장기 투자보다는 단기 투기적 접근이 만연할 수밖에 없습니다.

결국, 한국을 사랑하지 않아서가 아니라 지금의 시장구조 안에서는 장기 투자자 입장에서 기대할 수 있는 안정성과 신뢰가 아직 부족하기 때문에, 많은 개인 투자자들이 미국 시장으로 눈을 돌리고 있는 현실입니다. 이 흐름은 비단 개인 투자자에게만 국한되지 않습니다. 2025년 7월 기준으로 국민연금의 총 운용자산은 1,304조 원을 넘어섰으며, 그중 국내 주식 비중은 약 15.0%인 반면 해외(특히 미국) 주식 비중은 35.8%에 달합니다.

다시 말해, 한국 정부가 운영하는 국민연금조차 자산의 3분의 1 이상을 해외 주식, 그중에서도 미국 시장에 투자하고 있는 것입니다. 이는 수익률을 좇는 결정을 넘어 장기적 신뢰성과 안정성이 상대적으로 높다는 시장 판단의 결과라 할 수 있습니다.

물론 눈여겨볼 변화도 있습니다. 이재명 정부 출범 이후 상법 개정, 기업 지배구조 개선 등 시장 신뢰 회복을 위한 정책이 본격 추진되면서, 코스피가 사상 처음으로 4,000선을 돌파하는 반등을 보여 주기도 했습니다.

그럼에도 불구하고, 한국 주식시장은 지난 10년이 넘는 시간 동안 긴 정체 국면을 벗어나지 못해 왔습니다. 그렇기 때문에 개별 종목이 아니라 코스피 같은 인덱스펀드(116~120쪽 참조)에 장기적으로 투자하는 관점에서는, 이러한 답보 상태가 다시 반복될 가능성을 완전히 배제하기 어렵습니다. 결국 지금의 반등이 일시적 회복에 불과한 것인지, 아니면 구조적인 전환의 신호탄인지는 조금 더 시간을 두고 지켜봐야 할 문제입니다.

미국, 완벽하지는 않지만 지금 가장 준비된 시장

물론 미국 시장이 완벽하거나 흠잡을 데 없다는 뜻은 아닙니다. 그 안에도 자본의 탐욕, 윤리적 논란, 구조적 부조리 같은 문제가 여전히 존재합니다. 그럼에도 불구하고 미국은 지금도 세계에서 가장 안정적이고 체계적으로 금융 시스템이 작동하는 시장으로 평가받고 있습니다.

기술혁신과 자본이 가장 활발히 만나는 곳, 정보 접근성과 규제의 투명성이 국제 기준에 맞게 정비된 구조, 그리고 장기적인 기업

가치와 주주 환원을 동시에 추구하는 투자 문화. 바로 이런 요소들이 미국 시장을 가장 현실적이면서도 매력적인 투자처로 만들어 줍니다.

더 나아가 2024년에 열린 '미셔널 AI 2025' 같은 국제 콘퍼런스에서 보듯이 기술과 신앙, 자본과 사명을 함께 고민하고 이어 가려는 시도 역시 이곳에서 가장 활발하게 일어나고 있습니다. 이는 단지 돈을 버는 투자의 장을 넘어 신앙인으로서 우리가 어떻게 기술과 자본을 하나님의 뜻과 연결할 수 있을지를 모색할 수 있는 장이기도 합니다.

결국 크리스천 투자자에게 지금 필요한 것은 완벽한 세상을 기다리는 것이 아닙니다. 눈앞에 놓인 선택의 기로에서 분별력을 발휘하는 것입니다. AI라는 거대한 혁명의 파도 속에서 중심 무대를 차지하며 기회와 가능성이 가장 넓게 열려 있는 자리. 그래서 저는 미국 주식시장을 여러분께 권하고 싶습니다.

개별 종목 투자가 어려운 이유

처음 증권사계좌를 열고 제가 가장 먼저 매수한 종목은 '애플'이었습니다. 사실 특별한 분석을 했던 것도 아니고, 복잡한 차트를 들여다본 것도 아니었지요. 그냥 너무나 당연하게 손이 갔습니다. 왜냐하면 저는 이미 오래전부터 애플의 '충성 고객'이었기 때문입니다.

아이팟 터치로 시작해 아이폰, 아이패드, 애플워치, 맥북 에어와 맥북 프로, 그리고 아이맥과 뉴아이맥까지…. 제 삶의 거의 모든 순간에 애플 제품이 함께하고 있었습니다. 출근길에도, 설교 준비할 때도, 가족과 시간을 보낼 때도, 곁에서 떨어진 적이 없었죠.

제가 애플에 투자한 이유는 단순했습니다. 애플의 다양한 제품을 직접 경험했고, 제 지갑에서 가장 많은 돈을 가져갔으며, 더 나아가 제 라이프스타일에 깊은 영향을 준 기업이었기 때문입니다. 그런 회사를 믿고 투자하는 것은 자연스러운 선택이었죠.

아이폰이 미국에서 처음 출시된 날짜가 2007년 6월 29일입니다. 그리고 다음 해인 2008년부터 지금까지 애플은 미국 증시에서 엄청난 성장을 이뤄 냈습니다. 만약 2008년부터 2025년까지 애플 주식에 장기 투자했다고 가정했을 때 최종 수익률은 어떻게 됐을까요? 아래는 이를 단순 계산한 예상 수익입니다.

투자 금액별 예상 수익

(2008년 1월 평균 환율은 1달러당 약 930원, 2025년 기준 환율은 약 1,395원으로 가정하였습니다.)

- 100만 원 투자 시

  1,075달러 → 30,166달러 (28.05배 상승) = 4,200만 원

- 1,000만 원 투자 시

  10,752달러 → 301,667달러 (28.05배 상승) = 4억 2,000만 원

- 1억 원 투자 시

  107,526달러 → 3,016,676달러 (28.05배 상승) = 42억 원

즉, 환율 상승 효과까지 감안하면 애플 주식은 지난 18년 동안 단순 주가 상승분인 28배를 훌쩍 넘어 원화 기준으로는 무려 42배 가까이 성장한 셈입니다. 누구라도 감탄할 만한 놀라운 성과죠. 실제로 애플은 그 사이 세계에서 가장 사랑받는 기술 기업으로 성장했고, 워런 버핏조차 포트폴리오의 핵심으로 삼을 만큼 신뢰를 얻은 기업이 되었습니다.

하지만 여기서 우리가 기억해야 할 것이 있습니다. 이 이야기는 어디까지나 '결과론'이라는 점입니다. 중요한 질문은 따로 있습니다. "그때 애플 주식을 사서 지금까지 묵묵히 보유한 사람은 과연 얼마나 될까?" 아마 그리 많지 않을 겁니다. 왜냐하면 주식은 직선형으로 오르지 않기 때문입니다. 상승과 하락, 불안과 기대가 끊임없이 교차하는 시장 속에서 끝까지 버틴다는 건 생각보다 훨씬 더 어려운 일입니다.

다음의 표(114쪽 도표)처럼 애플은 지난 시간 동안 여러 차례 큰 폭의 하락을 경험했습니다. 내부적으로는 아이폰 판매 부진, 실적 전망 하향, 제품 수요 둔화 같은 이슈가 있었고, 외부적으로는 글로벌 금융위기, 미·중 무역 갈등, 코로나 팬데믹, 금리 인상 같은 거시경제 충격이 있었습니다. 그 결과 애플 주가는 30~60%에 이르는 MDD(최대 낙폭)를 여러 차례 기록했지요.

이처럼 아무리 위대한 기업이라 해도 시장의 파도 속에서는 흔들릴 수밖에 없습니다. 문제는 개인 투자자가 그 파도를 끝까지 견

2008~2024년 애플 주가 MDD(최대 낙폭)

연도	주요 사건	최대 낙폭	비고
2008	글로벌 금융위기	-59.9%	리먼브라더스 사태, 글로벌 증시 붕괴
2013	유로존 경기침체 및 스티브 잡스 사망	-43.8%	아이폰 성장세 둔화, 시장 신뢰 하락
2016	아이폰 판매량 감소	-30.4%	중국 매출 둔화, 제품 혁신성 논란
2018	1차 미·중 무역전쟁	-37.8%	관세 충돌, 공급망 불안 심화
2020	코로나 팬데믹	-31.4%	글로벌 수요 위축, 공장 셧다운
2022	미국 기준금리 인상기	-30.9%	금리 상승에 따른 경기침체 우려

[출처: Nasdaq Data Link (Sharadar), AAPL, 2008~2024]

디기 어렵다는 데 있습니다. 하루아침에 자산이 30~40%씩 빠져나가면, 처음에 가졌던 확신도 흔들리기 마련이죠. '지금이라도 팔아야 하나?', '혹시 이 기업의 혁신이 끝난 건 아닐까?', '과연 다시 오를 수 있을까?'와 같은 질문이 머릿속을 떠나지 않으면서 불안감은 점점 커져 갑니다. 결국 조급한 마음에 손실을 확정 짓고 매도해 버리지만, 이후 주가가 회복되는 걸 보면서 뒤늦게 후회하는 일이 반복됩니다. 그리고 많은 이들이 결국 이렇게 말하며 시장을 떠납니다. "역시 주식은 아무나 하는 게 아니야."

그렇다면 정말 개미 투자자에겐 방법이 없는 걸까요? 주식투자는 기업 분석에 능한 전문가나, 막대한 시드머니(종잣돈)를 가진 사람들만 할 수 있는 게임일까요? 아니면 애초에 진입하지 말거나 지금이라도 손을 떼는 게 더 현명한 선택일까요?

다행히도, 해답은 있습니다. 앞서 이런 시행착오를 겪었던 수많은 투자자들의 경험, 그리고 장기간의 데이터와 연구는 우리에게 하나의 분명한 사실을 알려 줍니다. 평범한 개미 투자자도 시장에서 안정적인 성과를 낼 수 있다는 것입니다. 그리고 그 방법은 생각보다 복잡하거나 어렵지 않습니다. 오히려 단순하고, 누구나 따라 할 수 있으며, 무엇보다 오랜 시간 동안 검증된 전략입니다.

이건 저 혼자만의 깨달음이 아닙니다. 지금 이 순간에도 수많은 투자자들이 실제로 경험하고 있는, 그리고 우리도 충분히 실천할 수 있는 현실적인 길입니다. 그렇다면 그 방법은 과연 무엇일까요? 이제 다음 장에서 그 이야기를 함께 풀어 보겠습니다.

지수 투자가
대안인 이유

인류 역사에서 바퀴의 발명은 삶의 방식을 송두리째 바꿔 놓은 전환점이었습니다. 잠시 상상해 보세요. 바퀴가 없던 시절, 무거운 짐 하나를 옮기기 위해 수많은 사람들이 힘을 합쳐야 했고, 이동할 수 있는 거리는 늘 한정적이었습니다. 그러나 바퀴가 등장한 순간, 이야기는 완전히 달라졌습니다. 바퀴는 짐을 쉽게 옮기는 수단에 그치지 않고, '운송'이라는 개념 자체를 새롭게 만들어 냈습니다. 덕분에 인간의 활동 반경은 마을과 도시를 넘어 대륙으로까지 뻗어 나갔습니다. 작은 원형 구조물이, 인류를 걷는 존재에서 달리고 연결되는 존재로 바꿔 놓은 것입니다.

주식시장에도 그런 '바퀴 같은 발명'이 있습니다. 바로 '인덱스펀드'(종합주가지수를 따르는 투자방식)입니다. 1970년대, 미국 자산운용 사 뱅가드그룹_{Vanguard Group}의 창립자 존 보글_{John Bogle}은 이렇게 말했 습니다.

> 건초 더미에서 바늘을 찾으려 하지 말고, 그냥 건초 더미 전체를 사라! (Don't look for the needle in the haystack. Just buy the haystack!)

그의 말은, 수많은 종목 가운데 승자를 고르려 애쓰기보다 시장 전체를 통째로 사라는 조언입니다.

그렇게 탄생한 세계 최초의 인덱스펀드 'Vanguard Index Trust 500'은 S&P500 지수를 그대로 따라가도록 설계되었죠. 물론 처음에는 '게으른 투자', '소극적인 투자'라며 조롱을 받기도 했지만, 시간이 흐르는 동안 사람들은 깨달았습니다. 존 보글의 혜안이 틀리지 않았다는 것을. 그리고 그가 만든 이 단순한 구조가 투자 역사에서 가장 강력하고도 합리적인 전략이 될 수 있다는 사실을요.

실제로 노벨경제학상 수상자인 폴 새뮤얼슨_{Paul Samuelson}은 존 보글의 업적을 두고 "존 보글의 인덱스펀드 개발은 바퀴와 알파벳의 발명만큼 가치가 있다"라고 평가했습니다. 이 말처럼 인덱스펀드는 금융상품을 넘어 '투자의 민주화'를 이끌어 낸 혁신이었습니다. 복잡한 분석이나 전문가의 조언 없이도, 누구나 시장 전체의 성장을 함께 누릴 수 있는 길을 연 것이죠.

또한 워런 버핏도 평생에 걸쳐 이렇게 조언했습니다.

그의 말은 권유가 아니라, 존 보글이 남긴 투자 혁신에 대한 존경이자 시장 전체에 올라타는 방식이야말로 가장 현실적이고 지속 가능한 전략이라는 증언입니다.

자, 그렇다면 이제 다음 질문이 자연스럽게 따라옵니다.

"인덱스펀드란 정확히 어떤 구조로 돌아가는 걸까? 그리고 요즘 사람들이 더 많이 접하는 ETF(상장지수펀드)는 또 어떻게 다른 걸까?"

인덱스펀드와 ETF(상장지수펀드)의 공통점

- 인덱스펀드와 ETF는 태생적 차이는 있지만 기본 철학과 구조는 거의 같습니다. 무엇보다도 S&P500 같은 시장지수를 그대로 따라간다는 점이 핵심입니다.
- 이 덕분에 운용 비용이 크게 낮아집니다. 일반적인 액티브펀드처럼 펀드매니저가 수많은 분석과 매매를 하는 방식이 아니기

때문에, 불필요한 수수료나 관리비가 줄어들고 투자자는 장기
적으로 훨씬 효율적인 결과를 얻을 수 있습니다.

- 이런 구조는 장기 투자에 특히 잘 맞습니다. 개별 종목의 성패
에 휘둘리지 않고, 결국 시장 전체의 성장을 함께 누릴 수 있기
때문입니다. 실제로 장기간에 걸쳐 보면, 시장 전체의 흐름은
꾸준히 우상향해 왔다는 사실이 여러 데이터를 통해 확인되
죠. 그리고 바로 이 단순함이야말로, 오랜 시간 동안 가장 많은
개미 투자자들을 지켜 준 힘이었습니다.

결론적으로, 인덱스펀드는 개인 투자자들에게 투자의 새로운 기
준을 열어 주었습니다. 더 이상 전문가의 복잡한 매매 기술에 의존
하지 않고도, 시장 전체의 흐름에 몸을 실음으로써 안정적인 수익
을 기대할 수 있는 길이 열린 것이죠.

그리고 이 인덱스펀드를 한 단계 더 발전시킨 것이 바로 'ETF'
Exchange Traded Fund(상장지수펀드)입니다. ETF는 주식처럼 실시간으로
사고팔 수 있다는 장점 덕분에 투자자들이 원하는 시점에 자유롭
게 자금을 운용할 수 있습니다. 인덱스펀드가 다소 무겁고 느리게
느껴졌던 개미 투자자들에게 ETF는 훨씬 더 친숙하고 유연한 도
구가 된 것입니다.

특히 ETF는 '누구나 쉽게 시장 전체에 참여할 수 있다'는 점에서

인덱스펀드와 ETF의 차이점

구분	인덱스펀드	ETF(상장지수펀드)
거래 방식	하루 1번, 기준가로 거래 (펀드사에 청구)	주식처럼 실시간 매매 가능 (HTS/MTS)
구매 방식	펀드 가입 형태 (은행·증권사)	주식 계좌에서 직접 매매
수수료 구조	매입 수수료 + 운용 보수	거래 수수료 + 낮은 총보수 (TER)
배당 처리	자동 재투자 형태 많음	현금 배당으로 지급되는 경우 많음
유동성	낮음 (실시간 매도 불가)	높음 (언제든 사고팔 수 있음)

의미가 큽니다. 주가가 오르내릴 때마다 종목을 고르느라 고민하거나 전문가를 따라다닐 필요 없이, 시장 그 자체에 올라타는 가장 직관적이고 단순한 방식이기 때문이죠.

이제 남은 질문은 하나입니다. "그렇다면 우리가 투자 대상으로 삼을 수 있는 시장지수에는 어떤 것들이 있을까?" 다음 장에서는 대표적인 미국 지수들을 살펴보면서, 어떤 기준으로 선택해야 할지 함께 고민해 보겠습니다.

미국 대표지수 ETF S&P500

미국 시장 전체에 투자한다는 의미

지수 투자를 흔히 "시장 전체를 산다"라고 표현합니다. 조금 더 이해하기 쉽게 백화점에 빗대어 생각해 볼까요? 예를 들어, 신세계 백화점 안에 있는 나이키 매장이 마음에 들어 그 매장에만 투자한 다고 가정해 봅시다. 만약 나이키 매출이 크게 오르면 투자자는 상 당한 수익을 얻을 수 있겠죠. 하지만 반대로 브랜드 인기가 식거나 매출이 줄어들면 손실도 그대로 감당해야 합니다. 즉, 특정 기업 한 곳의 성과에 따라 투자 결과가 크게 요동치게 되는 구조입니다.

그런데 이번엔 백화점 전체에 투자한다고 상상해 보세요. 신세계백화점 안에는 나이키뿐 아니라 스타벅스, 구찌, 애플스토어 같은 다양한 매장이 함께 입점해 있습니다. 어떤 매장은 호황을 누리고 어떤 매장은 부진할 수 있지만, 전체적으로 보면 서로가 균형을 맞추면서 일정한 매출을 유지합니다. 결국 백화점이라는 큰 틀에 투자하면, 개별 매장의 성패에 크게 흔들리지 않고 안정적인 성과를 기대할 수 있지요.

주식시장 지수에 투자하는 것도 이와 똑같습니다. S&P500이나 나스닥100 같은 지수에 투자한다는 것은 특정 기업 하나에 올인하는 것이 아닙니다. 이것은 시장을 대표하는 수백 개의 기업 전체를 함께 사들이는 방식입니다. 덕분에 어떤 기업이 일시적으로 부진해도, 다른 기업들이 그 빈자리를 채워 주며 전체적인 성장은 계속 이어집니다. 이처럼 지수 투자는 '한 기업의 성과가 아닌, 시장 전체의 성장에 올라타는 방법'입니다. 장기적으로 경제가 성장한다면, 시장을 대표하는 지수도 그 흐름을 반영하게 됩니다. 결국 안정과 성장을 동시에 담아 내는, 개미 투자자에게 가장 현실적이고 지속 가능한 투자 전략이 됩니다.

S&P500, 미국 경제의 거울

S&P500은 미국의 신용평가회사 스탠더드앤드푸어스Standard & Poor's가 1957년부터 발표한 지수로, 미국 증권시장에 상장된 수천

[출처: 구글 이미지 검색]

개 기업 중에서 매출 규모와 기업 가치가 높은 대표적인 500개 기업을 모아 만든 지수라고 이해하면 됩니다.

S&P500은 다양한 산업에 투자합니다

미국을 대표하는 주가지수 가운데 가장 먼저 떠오르는 것은 단연 S&P500입니다. 주식에 크게 관심이 없더라도 한번쯤 들어보았을 이름이죠. 투자의 귀재 워런 버핏이 가장 아꼈던 투자처이기도 합니다. 실제로 그는 2013년 주주들에게 보낸 서한에서 자신의 유언 일부를 이렇게 밝혔습니다.

세계 최고의 투자자가 그토록 신뢰했다는 사실 하나만으로도, S&P500이 얼마나 탄탄한 투자처인지 알 수 있습니다.

그렇다면 S&P500은 왜 이렇게 신뢰받을까요? 가장 큰 이유는 미국 경제 전체를 고르게 담고 있기 때문입니다. IT, 금융, 헬스케어, 산업재, 소비재, 에너지 등 미국을 움직이는 거의 모든 주요 산업이 여기에 포함되어 있습니다. 애플·구글·아마존 같은 빅테크 기업은 물론이고, 월마트(유통)·JP모건체이스(금융)·존슨앤드존슨(제약)처럼 안정적인 전통 기업도 함께 들어 있습니다. 이 구조 덕분에 특정 산업이 부진하더라도 다른 산업이 이를 보완해 줍니다. 즉, 개별 기업의 성패에 흔들리지 않고 미국 경제 전체의 성장에 올라탈 수 있는 투자가 바로 S&P500인 것이죠.

S&P500은 머리 아픈 종목(기업) 선정이 필요 없습니다

S&P500은 이름 그대로 미국을 대표하는 500개 기업으로 구성되지만, 그 명단에 들어갔다고 해서 영원히 고정되는 것은 아닙니다. 시장 환경과 기업의 성과에 따라, 끊임없이 새로운 얼굴들이 들어오고 오래된 기업들이 빠져나갑니다. 예를 들어, 한때 필름 카메라의 대명사였던 이스트민 코닥_{Eastman Kodak}이나 미국 자동차 산업

의 상징이었던 제너럴 모터스GM도 결국은 지수에서 퇴출된 바 있습니다.

반대로, 성장 잠재력이 큰 기업들은 새로운 주인공으로 합류합니다. 2020년에는 일론 머스크의 테슬라가 S&P500에 편입되며 큰 주목을 받았고, 2024년에는 AI와 빅데이터 분석으로 주목받던 팔란티어Palantir가 새롭게 합류하며 또 한 번 이목을 끌었습니다.

이런 변화를 '리밸런싱'Rebalancing이라고 부릅니다. S&P500은 매년 3월, 6월, 9월, 12월, 즉 분기마다 정기적으로 구성을 조정하기 때문에 투자자가 직접 종목을 골라 교체할 필요가 없습니다. 곧, 내가 따로 종목을 고르지 않아도 시장은 스스로 '약한 기업을 솎아 내고, 강한 기업을 끌어들이는' 자동 정화 기능을 작동시키는 셈입니다.

따라서 S&P500을 추종하는 ETF에 투자한다는 것은, 미국 대표 500개 기업을 꾸준히 보유하면서도, 그 안에서 시대의 변화와 흐름이 자동으로 반영되는 효과를 얻는 것과 같습니다. 개별 종목의 성패를 두고 머리 싸매지 않아도, 시장은 알아서 현재와 미래의 강자들을 담아 내고 있는 것이지요.

S&P500의 장기 성과

S&P500은 1957년 출범 이후 지금까지 연평균 약 11%(배당금 포

1억 원 투자 시 10년 후 (2015~2024년)

투자처	연평균 수익률	10년 후 금액	누적 수익률
한국 예금	2.42%	1억 2,701만 원	+27.0%
KOSPI	2.28%	1억 2,529만 원	+25.3%
S&P500	13.00%	3억 3,946만 원	+239.5%

함, 복리 기준)의 수익률을 기록해 왔습니다. 물론 매년 똑같이 11%씩 오르지는 않았습니다. 뒤에서 자세히 다루겠지만 닷컴 버블, 글로벌 금융위기, 코로나 팬데믹과 같은 요인으로 큰 폭의 하락을 겪은 시기도 있었죠. 하지만 중요한 건 결국 그 모든 위기를 이겨 내고, 장기적으로는 언제나 새로운 고점을 만들어 왔다는 사실입니다. 위의 표는 만약 10년 전 1억 원을 한 번에 투자했을 경우에 얻을 수 있는 투자처별 성과를 알기 쉽게 보여 줍니다.

정기예금 투자

가장 안전하다고 여겨지는 은행 정기예금에 넣었다면 어떻게 됐을까요? 지난 10년 정기예금 평균 금리는 약 2.42%로, 겉으로는 1억 원이 약 1억 2,701만 원으로 불어났습니다. 그러나 세후 금리를 적용하면 실제 수익률은 약 2.05% 수준에 그쳤습니다. 문제는 같은 기간 명목 물가 상승률이 2.08%였다는 점, 그리고 우리가 실제로 체감한 실질 물가 상승률은 4~7%에 달했다는 사실입니다.

즉, 장부상으로는 원금이 불어난 것처럼 보이지만, 실질 구매력은 명목 기준으로도 거의 제자리였고, 체감 물가 기준으로 보면 오히려 빠르게 줄어든 셈입니다.

한국 주식시장 KOSPI 투자

한국 주식시장에 투자했다면 어떨까요? 안타깝지만 예금보다도 못한 수준이었습니다. 물론 2025년 들어서 상황이 크게 달라진 건 사실입니다. 이재명 정부 출범 이후 상법 개정 논의와 정책 기대감이 겹치면서, 코스피는 4,000포인트를 넘어 연초 대비 약 60%라는 이례적인 상승률을 기록했습니다. 하지만 이러한 흐름이 일시적 이벤트에 따른 반등인지, 아니면 실제로 구조적 전환의 초입인지에 대해서는 더 긴 시간을 두고 지켜볼 필요가 있습니다. 특히 코스피와 같은 인덱스펀드에 장기 투자하는 투자자라면 더욱 신중할 수밖에 없습니다.

S&P500 투자

같은 돈을 미국 대표지수 S&P500에 투자했다면 어떨까요? 지난 10년간 무려 239% 성장, 1억 원이 3억 3,946만 원(약 3.4배)으로 불어났습니다. 그런데 여기서 주목해야 할 점이 하나 더 있습니다. S&P500은 달러 자산이기 때문에 환율 효과까지 함께 고려해야 한다는 점입니다. 지난 10년 동안 원·달러 환율은 1,100원대에서

1,360원대로 약 23.6% 상승했습니다. 따라서 환율 상승분까지 반영한 최종 금액은 4억 1,969만 원이 되고, 이는 원금 대비 319.7%, 즉 약 4.2배 성장에 해당합니다.

어떻습니까? 같은 10년, 같은 1억 원이었지만, 어디에 두었느냐에 따라 결과는 이렇게 달라졌습니다. 원금 손실을 피하려고 안정성만 추구했다면, 적은 이자에 만족하는 수준을 넘어 오히려 예금의 실질 구매력이 줄어드는 상황을 감수해야 했을 것입니다. 하지만 시야를 넓혀 세계 자본시장의 중심에 올라탄 경우, 훨씬 큰 결실을 누릴 수 있었던 것이죠.

S&P500 지수를 추종하는 국내상장 ETF

그렇다면 실제로 우리가 S&P500에 투자하려면 어떻게 해야 할까요? 다행히 한국 증권시장에는 이미 S&P500을 추종하는 다양한 ETF가 상장되어 있어서 굳이 환전을 하지 않고도 원화로 간편하게 투자할 수 있습니다. 마치 국내 주식을 사듯 클릭 몇 번으로 세계 시장의 흐름에 올라탈 수 있죠.

물론 겉으로는 원화로 거래되지만, S&P500 ETF는 기본적으로 달러 자산을 기반으로 하고 있습니다. 따라서 환율 변동이 수익률에 일정 부분 영향을 미칠 수 있고, 상품 구조에 따라 그 영향을

티커(Ticker)	운용사	상장일	자산규모	수수료 (실질비용)	주당 가격
(360750) TIGER 미국S&P500	미래에셋	2020. 08. 06.	9.06조 원	0.12%	22,120원
(379800) KODEX 미국S&P500	삼성자산	2021. 04. 09.	5.14조 원	0.15%	20,300원
(360200) ACE 미국S&P500	한국투자신탁	2020. 08. 04.	2.24조 원	0.10%	22,350원

줄이는 '환헤지형', 그대로 반영하는 '환노출형'으로 나뉩니다.

환헤지형은 환율 변동의 영향을 최소화해 달러 강세나 약세와 관계없이 지수 자체의 성과에 집중할 수 있다는 장점이 있습니다. 반대로 환노출형은 환율 변동이 그대로 반영되기 때문에, 원·달러 환율이 장기적으로 상승한다고 본다면 추가적인 수익도 기대할 수 있습니다. 개인적으로는 장기 투자 관점에서 환노출형이 더 유리하다고 생각하며, 위의 도표에 있는 상품들 역시 모두 환노출형 ETF 입니다.

또한 국내상장 ETF는 투자 수익에 대한 세금을 국내 과세 규정을 따르기 때문에, 익숙한 환경에서 거래할 수 있다는 장점이 있습니다. 가장 대표적인 상품은 위의 표와 같습니다.

'티커'Ticker란 주식시장에서 각 종목을 구분하기 위해 붙이는 고유 코드입니다. 국내상장 주식은 여섯 자리 숫자로 표시됩니다(예.

삼성전자 005930, 현대차 005380, TIGER 미국S&P500 360750). 증권사 어플에서 원하는 종목을 찾을 때는 검색창에 이 티커(숫자 혹은 ETF 이름)를 입력하면 됩니다.

수수료(실질비용)는 증권사나 운용사의 사정에 따라 달라질 수 있습니다. 장기 투자 관점에서는 수수료가 낮을수록 유리하지만, 싸다고 해서 좋은 것은 아닙니다. 자산규모와 운용 안정성을 함께 살펴야 합니다.

S&P500 지수를 추종하는 해외상장 ETF

다음으로, 미국 증권시장에 상장된 S&P500 ETF에 직접 투자하는 방법이 있습니다. 이 경우 거래 통화가 달러이기 때문에, 투자자가 달러를 실제로 보유한 상태에서 매수하게 되고, 결과적으로 달러 자산을 그대로 들고 있는 효과를 얻을 수 있습니다. 또 국내 상장 ETF에 비해 수수료가 더 저렴한 경우가 많아, 장기 투자자라면 비용 측면에서 유리할 수 있습니다.

물론 몇 가지 차이점도 있습니다. 해외상장 ETF는 환율 변동의 영향을 직접적으로 받으며, 환전을 거쳐야 하는 번거로움과 환전 수수료가 뒤따릅니다. 또한 과세 체계 역시 국내 ETF와 다르게 적용되어, 해외 주식투자 세법에 따라 양도차익의 22%가 과세됩니다. (다만, 연간 250만 원까지는 비과세 혜택이 주어지므로 소액 투자자에게

해외상장 ETF의 예 (2025년 7월 31일 기준)

티커(Ticker)	운용사	상장일	자산규모	수수료(실질비용)	주당 가격
SPY	State Street	1993. 01. 22.	약 6,600억 달러 (910조 원)	0.09%	$632.08
VOO	Vanguard	2010. 09. 07.	약 7,200억 달러 (1,000조 원)	0.03%	$581.02
SPYM	State Street	2005. 11. 08.	약 846억 달러 (116조 원)	0.02%	$74.34

는 세금 부담이 상대적으로 크지 않을 수 있습니다.)

그럼에도 불구하고, 장기적으로 원·달러 환율이 우상향한다고 본다면 해외상장 ETF는 환차익까지 더해져 추가 수익을 기대할 수 있습니다. 즉, 불편과 세금 부담은 있지만 달러 자산을 직접 보유하는 효과가 있어 글로벌 자산 배분 차원에서는 여전히 매력적인 선택지가 될 수 있습니다.

또한 최근에는 증권사에서 제공하는 원화 자동주문 서비스를 활용하면, 투자자가 직접 환전을 하지 않아도 주문 시점에 원화가 자동으로 달러로 전환되기 때문에 거래가 훨씬 간편해졌습니다. 가장 대표적인 상품은 위의 표와 같습니다.

앞에서 말씀드렸듯이 '티커'란 주식시장에서 각 종목을 구분하려고 붙이는 고유 코드입니다. 미국상장 주식은 3~5개의 알파벳으로 표시됩니다(예. 애플→AAPL, 테슬라→TSLA, SPDR S&P500 →SPY).

증권사 어플에서 원하는 종목을 찾을 때는 검색창에 이 티커(알파벳)를 입력하면 됩니다.

국내상장 S&P500 ETF와 달리, 미국상장 ETF는 1주당 가격이 상대적으로 높게 형성되어 있습니다. 또 같은 S&P500을 추종한다고 해도, 운용사와 상품 구조에 따라 주당 가격이나 수수료가 조금씩 다릅니다. 따라서 초기 투자금이 크지 않거나 부담을 줄이고 싶다면, 주당 가격이 낮고 수수료도 저렴한 SPYM 같은 상품을 선택하는 것이 더 효율적일 수 있습니다.

미국 대표지수 ETF 나스닥100

미국을 대표하는 또 하나의 지수는 바로 '나스닥'NASDAQ입니다. 나스닥은 원래 뉴욕 월가에 위치한 증권거래소의 이름이지만, 동시에 이곳에 상장된 3,000여 개 기업의 성과를 보여 주는 나스닥 종합지수를 의미하기도 합니다. 하지만 실제 투자자들이 주목하는 것은 종합지수가 아니라, 그 가운데 가장 핵심적인 기업들로 구성된 '나스닥100'입니다. 다시 말해, 우리가 흔히 "나스닥에 투자한다"라고 말할 때, 대부분은 이 나스닥100을 가리키는 셈이죠.

나스닥100은 금융 회사를 제외한, 나스닥 증권거래소에 상장된 비금융 우량 기업 100개로 구성된 지수입니다. S&P500이 미국 경제 전반의 산업을 고르게 담았다면, 나스닥100은 한 걸음 더 나아가 IT, 통신, 소비재, 헬스케어 등 성장성이 높은 분야에 집중합니다.

나스닥100의 특징

M7의 비중

요즘 미국 증권시장을 이야기할 때 빠지지 않는 키워드가 있습니다. 바로 'M7', 즉 '매그니피센트 세븐'Magnificent Seven이라 불리는 7대 빅테크 기업입니다. 그 주인공은 엔비디아, 마이크로소프트, 애플, 아마존, 알파벳(구글), 메타(페이스북), 그리고 테슬라입니다. 이들 M7은 현재 글로벌 경제와 기술혁신을 주도하는 핵심 기업들인데, 나스닥100 지수 안에서만 무려 40% 이상의 비중을 차지하고 있습니다. 반면, S&P500에서는 약 25~30% 수준에 그칩니다.

이 차이가 의미하는 바는 분명합니다. 나스닥100은 S&P500보다 훨씬 더 직접적으로 빅테크 기업들의 성장과 변화를 반영한다는 것이죠. 즉, 나스닥100은 AI, 클라우드, 전기차, 반도체와 같은 신산업의 성장 궤적을 보여 주는 바로미터 역할을 하고 있는 셈입니다.

높은 수익률과 높은 변동성

나스닥100은 장기적으로 S&P500보다 더 높은 수익률을 보여 왔습니다. 그 이유는 단순합니다. 나스닥100은 빅테크 기업들의 비중이 훨씬 크기 때문에, 시장 성장의 핵심 동력을 더 직접적으로 담아냅니다. 그래서 상승장에서는 수익이 빠르게 불어나는 장점이 있습니다.

하지만 여기서 꼭 기억해야 할 점이 있습니다. 높은 성장의 기회만큼이나 변동성도 그만큼 크다는 사실입니다. 즉, 시장이 좋을 땐 누구보다 빨리 올라가지만, 반대로 시장이 흔들릴 때는 손실 폭도 더 크게 다가올 수 있습니다.

실제로 나스닥 지수는 2000년 닷컴 버블 붕괴, 2008년 글로벌 금융위기, 2020년 코로나 팬데믹과 같은 큰 위기 속에서 최고점 대비 78%까지 폭락한 적도 있습니다. 그러나 중요한 점은 그다음입니다. 이렇게 큰 충격을 겪고도 결국 다시 회복했고, 장기적으로는 꾸준히 우상향하며 지금의 자리까지 올라왔습니다.

결국 투자자에게 필요한 태도는 분명합니다. 나스닥100은 단기 등락에 흔들리며 쫓아다니는 대상이 아니라 긴 안목으로 바라볼 때 진정한 성과를 주는 지수라는 것입니다. 기술 성장주의 높은 비중이 단기적으로는 위험을 키우지만, 장기적으로는 여전히 큰 기회를 열어 주는 힘이 되기 때문입니다.

장기 성과

나스닥100은 1985년 이후 연평균 약 14%(복리 기준)의 수익률을

1억 원 투자 시 10년 후 (2015~2024년)

투자처	연평균 수익률	10년 후 금액	누적 수익률
한국 예금	2.42%	1억 2,701만 원	+27.0%
KOSPI	2.28%	1억 2,529만 원	+25.3%
S&P500	13.00%	3억 3,946만 원	+239.5%
나스닥100	18.00%	5억 2,338만 원	+423.4%

기록해 왔습니다. 특히 지난 10년만 놓고 보면 연평균 약 18%라는 눈부신 성과를 보여 주었지요. 이런 성과가 가능했던 이유는 단연 M7 기업들의 압도적인 성장 덕분입니다. 나스닥100은 S&P500보다 이들의 비중이 더 크고, 지난 10년 동안 M7의 시가총액은 무려 13배 이상 확대되며 지수 전체를 세계에서 가장 역동적인 성장 지수로 끌어올린 핵심 동력이 되었습니다. 위의 도표는 나스닥100을 포함하여, 2015년부터 2024년까지 지난 10년간의 주요 투자 성과를 보여 줍니다.

만약 1억 원을 나스닥100에 투자했다면 어떻게 됐을까요? 지난 10년 동안 무려 423% 성장, 1억 원이 5억 2,338만 원(5.23배)으로 불어났을 것입니다. 그런데 여기서 중요한 점이 하나 더 있습니다. 앞에서 말씀드렸듯이 달러 자산에 대한 투자는 환율 효과까지 함께 고려해야 한다는 것이죠. 실제로 지난 10년 동안 원·달러 환율은 1,100원대에서 1,360원대로 약 23.6% 상승했습니다. 이러한 환차익까지 반영한다면 최종 금액은 6억 4,709만 원으로 불어나며, 이는 원금 대비 547%, 즉 약 6.5배 성장에 해당합니다.

앞에서 살펴본 S&P500과 마찬가지로, 나스닥100에 투자하는 방식 역시 국내상장 ETF와 해외상장 ETF로 나눌 수 있습니다. 원리적으로는 동일합니다.

- 국내상장 ETF는 원화로 사고팔 수 있어 접근성이 좋고, 세금은 국내 과세 규정을 따릅니다. 다만 ETF 자체는 달러를 기반으로 한 지수를 추종하기 때문에, 환율의 영향을 완전히 피할 수는 없습니다. 상품 구조에 따라 환헤지형과 환노출형으로 나뉘며, 투자자는 환율 노출 여부를 선택할 수 있습니다.
- 해외상장 ETF는 미국 증시에 직접 상장된 ETF를 매수하는 방식입니다. 달러 자산을 그대로 보유하는 효과가 있으며, 장기적으로 환율 상승을 기대한다면 환차익까지 더할 수 있습니다. 반면 환전과 세금(22% 양도소득세) 부담이 있다는 점은 고려해야 합니다.
- 즉, 어떤 지수를 추종하든 원리 자체는 같고, 차이는 투자 편의성(국내 vs. 해외)과 환율·세금 처리 방식에 있다고 이해하면 됩니다.

무엇을 선택할까?

나스닥100 지수를 추종하는 국내상장 ETF (2025년 07월 31일 기준)

수수료(실질 비용)는 증권사 거래 수수료와 운용사의 연간 보수에 따라 달라질 수 있습니다. 장기 투자에서는 수수료가 낮을수록 유리한 것이 사실이지만, '싸다'는 이유만으로 선택하는 것은 좋은 방법이 아닙니다. 자산규모가 충분히 크고, 운용이 안정적으로 이뤄지고 있는지도 함께 살펴야 합니다.

특히 나스닥100 ETF의 경우, 주당 가격이 부담스럽지 않고 거래량도 안정적인 KODEX(삼성자산운용), ACE(한국투자신탁운용) 상품을 추천드립니다. 이 두 상품은 개미 투자자가 장기적으로 접근하기에 비교적 효율적이고 친숙한 선택지가 될 수 있습니다.

국내상장 ETF의 예 (2025년 7월 31일 기준)

티커(Ticker)	운용사	상장일	자산규모	수수료 (실질 비용)	주당 가격
(133690) TIGER 미국나스닥100	미래에셋	2010. 10. 18.	5.09조 원	0.15%	145,580원
(379810) KODEX 미국나스닥100	삼성자산	2021. 04. 09.	3조 원	0.16%	21,870원
(367380) ACE 미국나스닥100	한국투자신탁	2020. 10. 29.	약 1.73조 원	0.12%	25,030원

나스닥100 지수를 추종하는 해외상장 ETF (2025년 07월 31일 기준)

국내상장 나스닥100 ETF와 달리, 미국에 상장된 나스닥100 ETF는 보통 1주당 가격이 더 높게 형성되어 있습니다. 그래서 투자 금액이 크지 않은 경우에는, 주당 가격이 낮고 수수료도 저렴한 QQQM 같은 상품을 선택하는 것이 더 효율적일 수 있습니다.

해외상장 ETF의 예 (2025년 7월 31일 기준)

티커(Ticker)	운용사	상장일	자산규모	수수료 (실질 비용)	주당 가격
QQQ	Invesco	1999. 03. 10.	3,606억 달러 (525조 원)	0.20%	$565
QQQM	Invesco	2010. 09. 07.	560억 달러 (81조 원)	0.15%	$232.56

07 위기는 반복된다: 주식시장의 냉혹한 얼굴

앞에서 보신 S&P500과 나스닥100의 지난 10년 성과, 정말 놀랍지 않나요? '이 정도라면 그냥 전 재산을 몰빵하면 되는 거 아닌가?' 이런 생각이 들 수도 있습니다. 하지만 현실은 그렇게 호락호락하지 않습니다. 쉽게 비유하면 시장에도 계절이 있습니다. 따스하고 낭만적인 봄날 같은 시간이 있는가 하면, 예고 없이 닥치는 태풍과 폭우, 거센 눈보라의 시간도 있습니다. 그런 충격이 밀려올 때면 주가는 크게 요동쳤고, 두려움에 휩싸인 많은 투자자들은 서둘러 시장을 떠나곤 했습니다. 그러나 아이러니하게도, 그 매서운 시기를 끝까지 버텨 낸 사람들은 시간이 지난 뒤 더 큰 결실을 얻었습니다.

그래서 우리는 늘 역사를 돌아볼 필요가 있습니다. 역사적으로 시장을 충격과 공포에 몰아넣었던 거대한 폭락장들은 분명한 교훈을 남겨 주었지요. 주식은 결코 직선처럼 오르기만 하지 않는다는 것, 그리고 바로 그 하락장의 시기야말로 투자자의 진짜 내공이 드러나는 시간이라는 사실입니다. 그렇다면 지난 25년간 투자자들을 시험했던 대표적인 폭락장의 사례들을 살펴보겠습니다.

닷컴 버블 붕괴와 9·11테러 (2000~2002년)

1990년대 중반, 인터넷이 본격적으로 대중화되면서 '닷컴'.com 기업들이 우후죽순 등장했습니다. 기업 이름에 그저 '닷컴'만 붙어도 주가가 치솟았고, 실적조차 없는 신생기업들마저 엄청난 투자금을 끌어모았습니다. 그러나 이 거품은 오래가지 못했습니다. 2000년에 접어들며 대다수 닷컴 기업들이 막대한 투자에도 불구하고 적자에 시달렸고, 여기에 미국 연준이 인플레이션을 우려해 기준금리를 인상하자 분위기는 급격히 악화되었습니다. 투자자들은 앞다투어 주식을 팔아치웠고, 결국 거대한 버블은 붕괴되고 말았습니다.

설상가상으로 2001년에는 뉴욕을 강타한 9·11테러가 추가 충격을 주며 회복세가 더 늦춰졌습니다. 당시 투자자들은 "미국 경제가 과연 다시 살아날 수 있을까?"라는 공포에 휩싸였고, S&P500

은 약 7년 만에 이전 고점을 회복했지만, 나스닥100은 회복에 무려 15년이라는 시간이 걸렸습니다.

글로벌 금융위기 (2007~2009년)

2000년대 중반, 미국의 주택시장은 끝없이 성장할 것처럼 보였습니다. 집값은 해마다 최고치를 경신했고, '대출만 받으면 누구나 집을 살 수 있다'는 분위기가 사회 전반에 퍼졌습니다. 그러자 이 과정에서 상환 능력이 부족한 사람들에게까지 무분별하게 대출이 이루어졌습니다. 이른바 '서브프라임 모기지'라는 위험한 대출이 금융권 곳곳에 쌓여 가고 있었던 것이죠.

그리고 마침내 2008년 가을, 세계적인 투자은행 리먼브라더스가 파산하면서 그 불안은 현실이 되었습니다. 이는 한 기업의 몰락을 넘어 세계 금융 시스템 전체를 붕괴 직전까지 몰고 간 사건입니다. 그 순간 투자자들은 공포에 휩싸였고, 금융시장은 순식간에 패닉에 빠졌습니다.

결과는 참혹했습니다. S&P500은 최고점 대비 57%, 나스닥100 역시 54% 폭락하며, 그야말로 '금융 시스템 자체가 무너질 수 있다'는 두려움이 시장을 지배했습니다. 수많은 투자자들이 이때 주식을 팔고 떠났으며, 다시 시장으로 돌아오지 못한 이들도 많았습니다. 무너진 시장이 회복하는 데는 긴 시간이 필요했습니다. S&P500이

이전 고점을 완전히 회복한 것은 무려 2013년, 위기 발생 5년이 지
난 뒤였습니다.

코로나 팬데믹 (2020년)

2020년 초, 세계는 아무도 예상하지 못한 위기를 맞았습니다.
코로나19가 전 세계로 확산되면서 국경이 닫히고, 도시가 봉쇄되
고, 항공편과 물류가 멈췄습니다. 말 그대로 '경제가 멈췄다'는 표
현이 현실이 된 것이죠. 기업들은 매출이 끊기고, 글로벌 공급망은
막혔습니다. 투자자들은 하루가 다르게 무너져 내리는 시장을 지
켜봐야 했습니다.

그 결과, S&P500은 단 33일 만에 34%, 나스닥100 역시 약 30%
나 폭락했습니다. 그러나 이번 위기는 과거와는 달랐습니다. 미국
연준이 즉각적으로 금리를 제로(0%) 수준으로 인하했고, 무제한
양적완화$_{QE}$(기준금리 수준이 이미 너무 낮아서 금리 인하를 통한 효과를 기
대할 수 없을 때 중앙은행이 다양한 자산을 사들여 시중에 통화공급을 늘리는
정책)와 함께 정부의 대규모 재정지원이 신속하게 쏟아졌습니다.

이 과감한 조치들은 시장에 빠르게 안정을 주었고, 주가는 곧
반등했습니다. S&P500은 불과 5개월 만에 이전 고점을 회복했고,
특히 재택근무·온라인 쇼핑·디지털 전환이 급속히 확산되면서 기
술주 수요가 폭발적으로 늘었습니다. 그 덕분에 나스닥100은 오히

려 팬데믹 기간 동안 역사적인 강세장을 열게 되었습니다.

우크라이나 전쟁과 급격한 금리 인상 (2022년)

2022년 2월, 러시아의 우크라이나 침공은 전 세계를 또 한 번 충격 속에 빠뜨렸습니다. 특히 에너지 공급망이 흔들리면서 국제 유가와 원자재 가격이 급등했고, 코로나19 시기에 풀린 막대한 유동성으로 이미 높아져 있던 물가 상승 압력은 전쟁으로 인해 한층 더 거세졌습니다. 이를 억제하기 위해 미국 연준은 수십 년 만에 가장 빠르고 가파른 금리 인상 사이클에 돌입하게 됩니다.

전쟁과 긴축이 동시에 닥치자 투자자들의 심리는 얼어붙었고, 주가는 큰 폭으로 하락했습니다. S&P500은 약 25%, 금리에 민감한 기술주 비중이 큰 나스닥100은 약 33%까지 내려앉으며 시장은 깊은 불안에 잠겼습니다.

그러나 늘 그렇듯이 시장은 어둠만 이어지지 않았습니다. 2023년은 나스닥100의 역사적인 해였습니다. 2022년 11월 챗GPT의 등장으로 AI 혁명이 전면에 부상하면서 투자 열기가 다시 불붙었고, 빅테크 기업들이 시장을 강하게 끌어올렸습니다. 그 결과, 나스닥100은 연간 53% 상승하며 1999년 이후 최고의 성과를 기록했고, 같은 기간 S&P500 역시 26% 오르며 강력한 회복세를 보여 주었습니다.

이 흐름은 2024년에도 이어졌습니다. 인플레이션이 점차 진정되고, 연준의 금리 인상 기조가 완화되자 시장 심리는 크게 회복되었습니다. S&P500은 약 25% 상승하며 사상 최고치를 새로 썼고, 나스닥100도 24% 올라 기술주 중심의 강세장을 굳건히 이어 갔습니다. 2023년의 급반등이 단발적인 반짝 상승이 아니라 'AI 시대'라는 새로운 성장 모멘텀으로 연결되었다는 점은 특히 인상적이었습니다.

이 사건들이 우리에게 전하는 메시지는 분명합니다. 주식시장은 언제든 폭락을 맞을 수 있고, 이때 공포에 휘둘려 시장을 떠나면 큰 손실을 입게 됩니다. 그러나 동시에 시간이 지나면 시장은 결국 회복하고 성장해 왔다는 사실도 잊지 말아야 합니다. 이 두 가지 교훈을 마음에 새긴다면, 우리는 주식시장을 더 냉철하게 바라볼 수 있고, 다음 장에서 다룰 '장기 투자'와 '복리의 힘'의 필요성을 더욱 깊이 이해하게 될 것입니다.

외우세요!
장기 투자와 복리의 힘

"은행 예금은 너무 답답하고, 그렇다고 주식투자는 무섭고…."

지금까지의 내용을 잘 따라왔다면 아마 많은 분들이 이런 마음을 갖게 되었을 겁니다. 저 역시 그 기분을 잘 압니다. 은행 예금은 원금이 보장되어 마음이 놓일 수 있지만, 인플레이션이라는 보이지 않는 힘이 이자율보다 더 빠르게 돈의 가치를 잠식하고 있습니다.

반대로 주식은 분명 더 큰 수익을 기대할 수 있지만, 그만큼의 위험도 안고 있습니다. 잘 나가던 기업이 하루아침에 무너지고, 때로는 금융위기와 같은 충격으로 시장 전체가 폭락하기도 하지요.

그렇다면 우리 같은 평범한 투자자는 어디에 서야 할까요? 사실 답은 생각보다 간단합니다. 위험이 무섭다고 아무것도 안 하는 것도 답이 아니고, 그렇다고 무리해서 한 방을 노리는 것도 현명하지 않습니다. 그냥 시장이 주는 평균 수익률을 차분히 따라가는 겁니다. 화려하지도 짜릿하지도 않지만, 긴 안목으로 보았을 때 가장 안전하고 효과적인 길. 바로 지금부터 다룰 '장기 투자'와 '복리의 힘'이 그 길을 밝혀 줄 열쇠입니다.

얼마 동안 투자해야 장기 투자일까

"투자에서 성공하려면 단타 치지 말고 진득하게 장기 투자해야 한다."

이런 말, 아마 한번쯤 들어보았을 겁니다. 그런데 실제로는 어떨까요? 우리가 흔히 말하는 장기 투자, 정말 많은 사람들이 실천하고 있을까요?

2021년 기준으로 보면, 국내 투자자들의 코스피 상장사 주식 평균 보유 기간은 겨우 2.7개월에 불과했습니다. 미국 역시 크게 다르지 않았습니다. 뉴욕증권거래소 기준 평균 보유 기간은 5.5개월 정도였으니까요. 한국이든 미국이든, 주식을 1년도 채 보유하지 않는 경우가 대부분이라는 뜻입니다.

이렇듯 우리 주변에서 건강한 투자 철학을 가지고 묵묵히 장기 투자하는 사람들의 비율은 생각보다 매우 낮습니다. 말로는 다들 장기 투자를 외치지만, 실제로는 눈앞의 오르내림에 흔들리며 단타에 가까운 매매를 반복하는 경우가 훨씬 많은 것이죠.

워런 버핏은 이런 현실과 정반대의 태도를 강조했습니다.

왜 많은 투자의 대가들이 장기 투자를 이처럼 적극 권장하는 것일까요? 이유는 간단합니다. 바로 장기 투자는 수익률을 키워 줄 뿐 아니라 손실의 가능성까지 낮춰 주기 때문입니다.

실제로 이와 관련된 중요한 데이터가 있습니다. 은퇴 계획과 관련된 재정 전략, 도구, 교육 콘텐츠를 제공하는 온라인 플랫폼 및 교육 기관 '리타이어먼트 리서치'Retirement Researcher의 밥 프렌치Bob French는 아주 긴 기간에 걸쳐 S&P500의 성과를 분석했습니다. 무려 1926년부터 2022년까지 약 100년에 가까운 시간 동안 데이터를 모아 살펴본 것이지요. 그는 특정 연도의 성과만 보지 않고, '롤링 수익률'rolling returns이라는 방식을 사용했습니다.

롤링 수익률이란, 예를 들어 "아무 연도나 시작해서 10년 동안 투자했을 때 결과가 어떻게 나왔을까?"를 모든 구간에 대입해 보는 방식입니다. 이렇게 하면 특정 시점의 성과가 아니라 시간이 지남에 따라 평균적으로 어떤 결과가 나타났는지를 훨씬 더 정확히 알 수 있습니다.

투자에서 가장 큰 위험은 우리가 예측할 수 없는 시장의 변동성

보유 기간	손실 없이 투자 종료할 확률
1년	약 75.4%
3년	약 84.4%
5년	약 88.2%
10년	약 94.9%
15년	약 99.8%
20년 이상	100%

[출처: Bob French, Retirement Researcher, 1926-2022 S&P500 rolling returns. Author's calculations]

입니다. 하지만 밥 프렌치의 연구에 따르면, S&P500에 투자했을 경우, 10년 보유 시 약 95% 확률로 손실이 없었고, 15년 이상 보유 시에는 거의 100%에 가까운 확률로 손실을 피할 수 있었다고 합니다. 이 말은 장기 투자가 하나의 투자 팁이 아니라 실제 데이터가 뒷받침하는 검증된 전략임을 보여 줍니다. 시장의 변동성에 흔들리지 않고 끝까지 인내한 사람만이, 결국 그 결과로 주어지는 결실을 누릴 수 있는 것이지요.

버핏이 증명한 복리의 힘

다음으로 우리는 '복리의 힘'을 살펴보려 합니다. 워런 버핏은 열한 살에 첫 주식투자를 시작했고, 2025년 말 95세의 나이에 비로

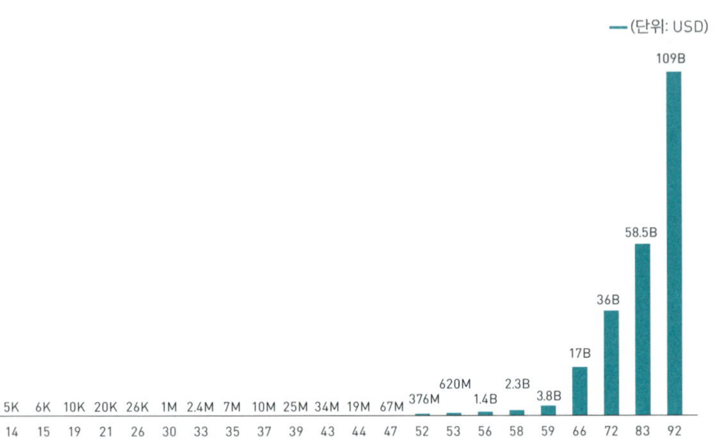

[출처: FinMasters, Warren Buffett's Net Worth Over the Years]

소 버크셔 해서웨이의 CEO 자리에서 물러났습니다. 하지만 그가 지금처럼 세계적인 거부가 된 것은 의외로 60세 이후의 일입니다. 그때부터 복리의 효과가 본격적으로 가속화되면서 그의 자산은 눈덩이처럼 불어났습니다. 놀랍게도 현재 그의 재산 가운데 98% 이상은 65세 이후에 형성된 것이라고 합니다. 그 규모는 약 1,400억 달러, 한화로 200조 원에 이르는 천문학적 자산입니다.

사람들은 이런 사실을 두고 흔히 말합니다. "성경에서 가장 오래 산 인물이 므두셀라였듯, 투자에도 '므두셀라 투자법'이 필요하다. 오래 살아남는 사람이 결국 부자가 된다." 얼핏 농담처럼 들리지만, 그 안에는 중요한 진리가 담겨 있습니다. 투자의 본질은 순간의 기교가 아니라 긴 시간을 인내하며 복리의 힘이 쌓이기를 기다리는 데 있습니다. 버핏의 삶은 이 사실을 무엇보다도 생생하게 증명해 줍니다.

'100세 시대'라는 말이 낯설지 않은 세상이 되었습니다. 보건복지부와 통계청 자료에 따르면, 한국인의 기대수명은 이미 83세를 넘어섰습니다. 만약 60세 전후로 은퇴한다면, 그 뒤로 짧게는 20년 길게는 40년가량을 근로소득 없이 살아가야 하는 셈이지요.

이런 현실에서 노후를 대비한 재정 설계는 더 이상 미룰 수 없는 필수 과제가 되었습니다. 물론 우리 모두가 워런 버핏처럼 어린 시절부터 투자의 천재성을 발휘해 수백조 원을 일굴 수는 없을 겁니다. 그러나 그의 투자철학, 곧 시간을 내 편으로 삼아 복리의 힘을 믿고 기다리는 태도만큼은 누구나 배울 수 있습니다. 시작이 반이라고 하지 않습니까? 그 지혜를 오늘부터라도 작은 습관으로 쌓아 간다면, 우리의 경제적 미래도 훨씬 더 단단하고 든든해질 것입니다.

일시불 투자 vs. 적립식 투자

이제 전략편의 마지막에 도착했습니다. 앞에서는 왜 ETF 지수 투자가 현명한 선택인지와 함께 시장의 변동성 속에서 살아남기 위해서는 장기 투자가 필수적이라는 사실을 살펴보았습니다. 그리고 시간이 만들어 내는 복리의 힘이 어떻게 우리의 자산을 눈덩이처럼 키워 가는지도 확인했지요.

그렇다면 이제 남은 질문은 단 하나입니다. "실제로는 어떻게 투자해야 할까?" 바로 방법론을 알아볼 차례입니다.

ETF 투자에서 가장 기본이 되는 방식은 크게 두 가지입니다. 한 번에 목돈을 넣는 '거치식 투자'와, 매달 일정 금액을 꾸준히 쌓아 가는 '적립식 투자'입니다. 각각의 특징과 장단점을 살펴보면, 우리 같은 평범한 개미 투자자에게 어떤 방식이 더 현실적이고 적합한지 쉽게 이해할 수 있을 것입니다.

거치식 투자(일시불 투자)

거치식据置式 투자는 말 그대로 목돈을 한 번에 시장에 투입하는 방식입니다. 앞에서 살펴본 미국 대표지수 S&P500이나 나스닥100 ETF에도 그대로 적용할 수 있습니다.

장점

(1) 높은 수익 가능성

앞에서 언급한 S&P500과 나스닥100의 지난 10년 성과를 다시 떠올려 보겠습니다. 환율 상승 효과를 배제하고도, S&P500은 누적 수익률 239%로 1억 원이 약 3억 3,946만 원(3.39배)이 되었고, 나스닥100은 423%의 수익률로 1억 원이 5억 2,338만 원(5.23배)으로 불어났습니다. 즉, 거치식 투자의 가장 큰 장점은 상승장에서 수익이 극대화될 수 있다는 점입니다. 한 번에 자금을 투입했기 때문에 상승 구간이 길수록 그 효과는 더 크게 나타납니다.

(2) 관리의 단순성

한 번 투자 결정을 내리고 나면, 매달 얼마를 넣을지 고민하거나 추가로 관리할 필요가 없다는 점에서 단순합니다.

(3) 빠른 복리 축적 효과

자금을 일찍 투입할수록 원금에 이자가 붙고, 그 이자에 다시 이자가 붙는 복리 효과가 더 오래, 더 강하게 작동합니다. 그래서 같은 기간 투자하더라도 더 일찍 시작한 사람이 훨씬 큰 차이를 만들어 냅니다.

단점

(1) 변동성 리스크

거치식 투자의 가장 큰 위험은 바로 투자 시점에 있습니다. 만약 상승장이 아니라 지난 25년 중 가장 최악의 시기였던 닷컴 버블 붕괴 직전에 투자했다면 어떻게 되었을까요? 원금 회복까지 S&P500은 약 7년, 나스닥100은 15년이나 걸렸습니다. 물론 그 과정에서 추가 자금을 투입해 평균 단가를 낮추었다면 회복 기간은 짧아지고, 긴 인내심으로 장기 투자를 이어 갔다면 결국 수익으로 전환할 수 있었을 것입니다. 그러나 현실에서는 많은 투자자들이 공포에 휩싸여 손실을 확정 짓고 상승 전에 시장을 떠나 버립니다.

(2) 투자 시점 선택의 어려움

거치식 투자에서 높은 수익을 얻으려면 가능한 한 고점을 피하고 저점에 가까울 때 자금을 투입하는 것이 이상적입니다. 하지만 문제는 여기 있습니다. 일반 개미 투자자가 시장의 흐름을 정확히 예측해 최적의 시점을 잡기란 사실상 불가능에 가깝습니다. 전문가조차 미래의 흐름을 정확히 읽기 어렵기 때문에 투자 시점을 고르는 일은 늘 큰 부담이자 위험으로 남습니다.

(3) 심리적 부담

또 하나의 문제는 심리적인 압박입니다. 거치식 투자는 큰 자금을 한 번에 투입하기 때문에 단기적인 하락만으로도 불안감이 크게 증폭됩니다. 작은 변동에도 '내가 잘못된 결정을 한 것은 아닐까?'라는 후회가 따라붙기 쉽고, 이러한 심리적 불안은 투자자가 끝까지 버티는 것을 더욱 어렵게 만듭니다.

적립식 투자

다음으로 살펴볼 방식은 적립식積立式 투자입니다. 쉽게 말해, 일정한 금액을 정해 놓고 매월 꾸준히 투자하는 방식입니다.

장점

(1) 리스크 분산 효과

적립식 투자는 영어로 '달러 코스트 애버리징'Dollar-Cost Averaging, DCA

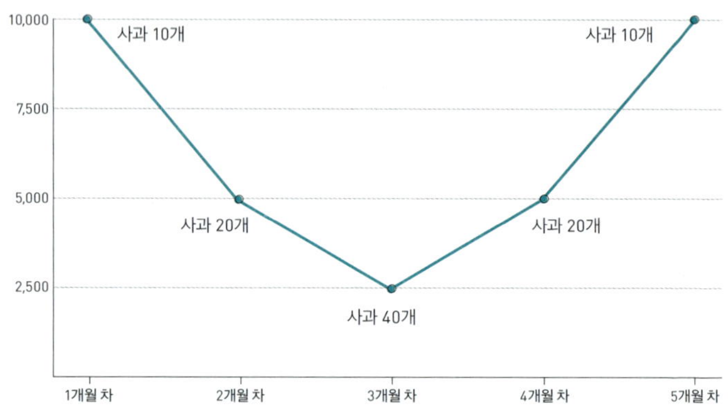

이라고 합니다. 이름만 들으면 어렵게 느껴질 수 있지만, 원리는 아주 단순합니다. 마치 시장에 가서 사과를 사는 것과 같습니다.

예를 들어, 5개월 동안 매달 10만 원씩, 총 50만 원어치의 사과를 구매한다고 생각해 보겠습니다.

- 1개월 차: 사과 가격이 비싸서 10개밖에 못 샀습니다.

- 2개월 차: 가격이 떨어져 20개를 살 수 있었고,

- 3개월 차: 가격이 가장 낮아지면서 무려 40개를 샀습니다.

- 4개월 차: 가격이 다시 올라서 20개,

- 5개월 차: 다시 비싸져서 10개를 샀습니다.

코스트 애버리징 도표

월	사과 가격(개당, 원)	매수 수량(개)	누적 보유량(개)	비고
1개월차	10,000	10	10	고가 구간 (적게 삼)
2개월차	5,000	20	30	가격 하락 (더 많이 삼)
3개월차	2,500	40	70	최저가 구간 (최대 매입)
4개월차	5,000	20	90	반등 구간
5개월차	10,000	10	100	회복 구간

총 50만 원으로 100개의 사과를 샀고, 마지막 달에 사과 가격이 개당 1만 원으로 올랐다고 가정하면, '100개 × 1만 원 = 100만 원'이 됩니다. 결과적으로 50만 원이 100만 원이 되어, 원금이 두 배로 불어난 셈이지요.

주식도 원리가 이와 똑같습니다. 주가가 높을 때는 자동으로 조금만 사고, 주가가 낮을 때는 더 많이 사게 됩니다. 그래서 장기적으로는 평균 매입 단가가 낮아지고, 결국 시장이 회복하면 안정적인 수익을 거둘 수 있죠.

(2) 투자 시점 예측 불필요

많은 사람들이 투자를 결심하고도 쉽게 실행하지 못하는 이유 중 하나는 '지금이 고점일까, 저점일까?' 하는 타이밍 고민 때문입니다. 하지만 앞서 살펴봤듯이, 시장의 정확한 움직임을 예측하는 것은 월가의 전문가조차 거의 불가능합니다.

적립식 투자의 가장 큰 장점이 바로 이것입니다. 매달 일정 금액을 꾸준히 투자하면 굳이 '언제 사야 할지' 고민할 필요가 없습니다. 가격이 오르든 내리든 자동으로 매수되기 때문에 투자자는 타이밍에 대한 스트레스에서 벗어나 훨씬 더 안정적인 마음으로 시장에 참여할 수 있습니다.

⑶ 강제 저축과 투자 습관 형성

또 하나의 중요한 장점은 '투자 습관'입니다. 적립식 투자는 큰돈이 없어도 월 5만 원, 10만 원처럼 적은 금액으로 시작할 수 있습니다. 이렇게 매달 정해진 금액을 꾸준히 투자하다 보면 자연스럽게 소비보다는 저축을 우선하는 습관이 자리 잡습니다.

결과적으로 생활비에서 조금씩 절약한 금액이 미래를 위한 자산으로 이어지고, 이는 장기적인 재무 건강을 세우는 데 큰 밑거름이 됩니다. 쉽게 말해 적립식 투자는 돈을 불리는 기술을 넘어 꾸준함이라는 가장 중요한 태도를 길러 주는 훈련이기도 합니다.

정리하면 거치식 투자는 상승장에서 빠른 시간 안에 큰 수익을 얻을 수 있는 장점이 있습니다. 하지만 반대로 하락장이 찾아오면 오랫동안 손실을 감내해야 하고, 그 무거운 심리적 부담을 홀로 짊어져야 합니다. 그래서 많은 개인 투자자들이 중도에 포기하거나 시장을 떠나곤 합니다.

반면 적립식 투자는 한 걸음 한 걸음 묵묵히 걸어가는 길입니다. 단기적으로는 속도가 느려 보이고, 눈앞의 성과가 작아 답답하게 느껴질 수도 있습니다. 그러나 꾸준히 쌓이는 작은 씨앗들은 시장의 변동성을 흡수하며 단단한 뿌리가 됩니다. 시간이 지나면서 그 뿌리는 튼튼한 나무가 되고, 결국 안정적인 열매를 맺게 됩니다.

다시 한번 강조합니다. 이 책에서 추천하는 투자 방식은 단기간의 높은 수익률을 좇는 방법이 아닙니다. 우리가 추구해야 할 것은 리스크를 최대한 분산하며 그 안에서 시장 평균 수준의 수익률을 내는 것입니다. 잊지 마세요. 안정적인 투자의 길은 빠른 승부에 있지 않고, 긴 호흡 속에서 인내와 꾸준함으로 열매 맺어 가는 과정임을!

Biblical Insight_

투자도 성화의 도구가 될 수 있을까?

"미국 주식시장이 한국화되고 있다."

2025년 3월, 미국 자산운용사 '아카디안'의 오웬 라몬트 수석 부사장이 던진 이 한마디는 큰 화제를 불러일으켰습니다. 그는 '오징어게임 주식시장'The Squid Game stock market 이라는 도발적인 제목의 글에서 미국 시장에서 나타나는 이상 징후를 꼬집었는데, 그 배경으로 놀랍게도 한국 개인 투자자들의 투자 방식을 지목했습니다.

라몬트 부사장은 이렇게 말했습니다. "오징어게임 참가자들이 규칙을 잘 모른 채 게임에 뛰어든 것처럼, 한국인 투자자들도 빠른 부를 좇아 엄청난 위험을 감수하며 시장에 뛰어든다. 하지만 그 결말은 대부분 썩 좋지 않다."

실제로 한국인의 레버리지 투자 성향은 세계적으로도 잘 알려져 있습니다. 테슬라, 반도체 ETF, 양자컴퓨터 관련주 같은 종목을 2배, 3배로 추종하는 레버리지 상품뿐만 아니라, 아예 하락에 베팅하는 인버스 상품까지도 한국 투자자의 비율이 독보적입니다. 예컨대 테슬라 3배 레버리지 펀드의 경우, 전체 자산의 90% 이상을 한국인들이 보유하고 있다고 블룸버그는 추산했습니다.

사실 이러한 투기적 심리는 결국 시장 평균 수익률에 만족하지 못하는 탐욕에서 비롯됩니다. 앞에서 말한 S&P500이나 나스닥 100 같은 대표지수가 장기적으로 연평균 10~14% 내외의 안정적 성과를 보여 왔음에도, 사람들은 늘 그보다 더 빨리, 더 많은 수익을 얻고 싶어 합니다. 그래서 잘 알지도 못하는 개별 종목에 몰빵하거나, 2배, 3배 레버리지 상품에 손을 대죠. 하지만 이런 방식은 장기 성과에서 시장 평균을 밑돌 뿐 아니라, 오히려 큰 손실로 귀결되는 경우가 많습니다.

크리스천 투자자는 무엇이 달라야 할까

이 지점에서 우리는 중요한 질문을 던지게 됩니다.

"그렇다면 크리스천 투자자는 이런 투기의 광풍 속에서 구체적으로 무엇이 달라야 할까?"

자신 있게 말하건대, 저는 크리스천 투자자가 일반 투자자보다 훨씬 더 유리한 지점에 서 있다고 믿습니다. 왜냐하면 투자라는 과정이 곧 '성화의 여정'과 깊이 맞닿아 있기 때문입니다.

그리스도인에게 성화란 무엇인가요? 성화는 성령께서 우리 안에서 역사하시며 옛사람의 욕망을 죽이고, 날마다 새사람을 입게 하시는 과정입니다. 그 결과 점점 더 예수님의 형상을 닮아 가도록 이끄시는 은혜의 여정이지요. 그래서 성화는 단번에 완성되는 사건이 아닙니다. 평생에 걸쳐 점진적으로 이루어지는 변화입니다.

놀랍게도 이 성화의 길은 투자에도 적용할 수 있습니다. 우리 마음속에도 빨리 부자가 되고 싶은 욕망이 자리 잡고 있습니다. 투자 경험이 있는 분들이라면, 어느 회사 주식이 오른다는 소문에 충동적으로 매수 버튼을 누르거나, 조금만 하락해도 불안에 못 이겨 서둘러 팔아 버린 경험이 한두 번쯤 있을 것입니다. 결국 이런 행동은 '고점에 사고, 저점에 파는' 가장 나쁜 패턴을 스스로 만들어 내는 것이며, 그 뿌리에는 탐욕과 두려움이 자리하고 있습니다.

그러나 반대로, 매달 일정 금액을 꾸준히 적립식으로 투자하는 길은 재테크 습관을 넘어섭니다. 큰 욕심을 부리지 않아도 시장의 평균 수익률을 따라가게 해줄 뿐 아니라, 그 과정에서 마음을 다스리는 흔들림 없는 태도를 길러 줍니다. 결국 이렇게 형성된 투자 습관은 우리로 하여금 탐욕을 절제하고 성실을 배우는 영적 훈련의 장場이 될 수 있습니다.

주식시장은 언제나 예상치 못한 등락으로 우리를 흔듭니다. 그러나 이런 변동성에 휘둘리지 않고 묵묵히 걸어가는 태도는, 신앙 생활에서 우리가 배우는 '믿음의 인내'와 꼭 닮아 있습니다. 오늘 뿌린 씨앗이 내일 바로 열매로 맺히지 않듯, 투자 역시 긴 시간이 지나야 제대로 된 결실을 거둘 수 있습니다. 그 기다림 속에서 우리는 하나님께서 가르치신 절제와 꾸준함, 그리고 열매 맺는 지혜를 몸으로 배워 갑니다.

3부

∘ 가이드편 ∘

어떻게
투자할 것인가?

국내 증권사 계좌 개설하기

여기까지 함께 걸어오느라 참 수고 많으셨습니다! 지금까지 우리는 왜 투자해야 하는지, 그리고 어디에 투자해야 하는지를 충분히 살펴보았습니다. 막연하기만 했던 길이 선명해졌고, 나아가야 할 방향도 분명히 잡혔습니다. 이제 남은 것은 단 하나, 바로 첫걸음을 떼는 일입니다.

책상 위에서 지도를 아무리 오래 들여다본다 해도 여행은 시작되지 않습니다. 투자도 마찬가지입니다. 실행하지 않으면 아무 일도 일어나지 않지요. 지금부터는 증권사계좌를 개설하고, 절세계좌 활용법을 배우며, ETF를 매수하는 구체적인 실천 방법을 하나씩 익혀 가겠습니다.

예전에는 증권사계좌를 만들려면 꼭 지점을 직접 찾아가야 했습니다. 번호표를 뽑고, 상담창구 앞에 앉아 서류를 작성하며, 적잖은 시간을 보내야 했지요. 그러나 이제는 상황이 완전히 달라졌습니다. 최근 몇 년 사이, 스마트폰 하나만 있으면 비대면으로 계좌개설이 가능해졌고, 길어야 10분이면 새 계좌를 열 수 있게 되었습니다.

계좌 개설 준비물

스마트폰으로 증권사계좌를 만들기 위해 필요한 것은 아래 세 가지입니다.

- **신분증**: 실물 주민등록증 또는 운전면허증이 필요합니다.
- **본인 명의 휴대폰**: 통신사 인증이 필수라서 가족 명의는 안 되고 반드시 본인 명의 휴대폰이 필요합니다.
- **본인 명의 은행계좌**: 기존에 사용 중인 본인 명의 은행계좌가 필요합니다.

증권사 선택하기

준비물이 갖춰졌다면 어떤 증권사를 선택할지 알아봐야 합니다. 자본금, 자산규모, 브랜드 평판을 반영한 국내 TOP7 증권사는 아래와 같습니다.

미래에셋증권, 한국투자증권, NH투자증권

삼성증권, KB증권, 신한투자증권, 키움증권

증권사 선택 시 고려할 요소

수수료

증권사에서 주식을 거래할 때는 기본적으로 두 가지 수수료가 발생합니다. 첫째는 '매매수수료'로, 주식을 사고팔 때마다 일정 비율로 부과되는 비용입니다. 둘째는 '환전수수료'로, 해외 주식을 매수할 때 원화를 달러로 바꾸는 과정에서 붙는 비용입니다. 이 두 가지 수수료가 쌓이면 장기적으로 투자 성과에 영향을 줄 수 있기 때문에 가급적 수수료가 낮은 증권사를 선택하는 게 좋습니다.

사용 편의성

주식 거래를 하는 데는 두 가지 대표적인 방식이 있습니다. 하나는 'HTS'Home Trading System로, 집에서 컴퓨터에 설치해 사용하는 전용 프로그램입니다. 다른 하나는 'MTS'Mobile Trading System인데, 우리가 일상에서 자주 쓰는 스마트폰 주식 거래 앱을 말하지요. 요즘은 대부분의 개인 투자자들이 PC보다는 휴대폰 앱MTS을 더 많이 이용합니다. 따라서 어느 증권사 앱이 더 직관적이고 안정적인지 살펴보는 게 중요합니다.

이벤트 혜택

국내 증권사들은 신규 고객 유치를 위해 치열하게 경쟁합니다. 그래서 계좌를 새로 개설하면 일정 기간 동안 매매수수료를 대폭 할인해 주기도 합니다. 그뿐만 아니라 주식 쿠폰이나 현금 리워드를 제공하는 증권사도 있으니, 계좌를 만들기 전에 관심 있는 증권사의 홈페이지에서 이벤트 내용을 꼭 확인해 보는 것이 좋습니다.

사실 이렇게 설명을 드려도 여전히 어렵게 느껴질 수 있습니다. 하지만 걱정하지 않아도 됩니다. 요즘 주요 증권사들의 수수료 우대 혜택과 이벤트 조건은 거의 상향 평준화되어 있습니다. 그렇기 때문에 앞에서 소개한 TOP7 증권사 중 어느 곳을 선택해도 큰 차이는 없습니다. 중요한 것은 망설이지 말고 일단 첫걸음을 내딛는 것입니다!

증권사 어플 설치하기

이제 사용 중인 스마트폰에 증권사 앱을 설치해야 합니다. 아이폰 사용자는 앱스토어 App Store 에 들어가서서, 갤럭시(안드로이드) 사용자는 플레이스토어 Play Store 에 들어가서서, 사용하려는 증권사 이름(예. 미래에셋, NH투자, 삼성증권 등)을 검색창에 입력하면 해당 앱이 바로 나타납니다. 설치 버튼을 눌러 다운로드하면 준비 완료입니다.

신규 계좌 개설하기

증권사마다 계좌 개설 과정에 세부 차이가 있기 때문에 글로만 설명드리면 다소 복잡하게 느껴질 수 있습니다. 그래서 이 부분은 아래에 준비한 QR코드를 활용해 보길 권합니다. 스마트폰 카메라로 해당 QR 코드를 비추면, 따라 하기 쉽게 정리된 유튜브 영상 가이드로 연결됩니다. 직접 보면서 따라 하면 쉽고 빠르게 개설할 수 있습니다.

 미래에셋증권

 삼성증권

또 하나 꼭 기억해야 할 점이 있습니다. 계좌는 종합계좌(국내·해

외 주식 거래용)만 개설하는 것으로 충분하지 않습니다. 함께 ISA(중개형), 연금저축, IRP 계좌까지 개설해 두는 것이 현명합니다. 다음 장에서 자세히 설명하겠지만, ISA는 일정 한도 내에서 발생한 이익에 대해 비과세나 분리과세 혜택을 받을 수 있고, 연금저축과 IRP는 노후 준비와 동시에 매년 세액공제 혜택까지 주어지기 때문에 장기 투자에 매우 유리합니다. 결국 이 세 가지 계좌는 ETF 투자자라면 반드시 챙겨야 할, 말 그대로 '필수 3종 세트'라 할 수 있습니다.

절세계좌, 선택이 아니라 필수입니다

통계청이 발표한 〈2023년 연금통계〉에 따르면, 기초연금·국민연금·직역연금(공무원연금, 군인연금, 사학연금, 별정우체국연금) 등 한 가지 이상의 연금을 받고 있는 65세 이상 인구는 863만 6,000명으로 집계됐습니다. 즉, 65세 이상 인구의 90.9%, 열 명 중 아홉 명은 연금을 받고 있는 셈입니다. 그러나 문제는 금액 수준입니다.

연금 수급자가 실제로 받은 월평균 수급액은 69만 5,000원, 중위값은 46만 3,000원에 불과했습니다. 특히 수급액이 25만 원 이상 50만 원 미만인 비율이 50.9%로 가장 높아, 절반 이상이 월 50만 원도 되지 않는 연금을 받고 있었습니다.

결국 상당수 노인이 받는 연금은 1인 가구 최저생계비(124만

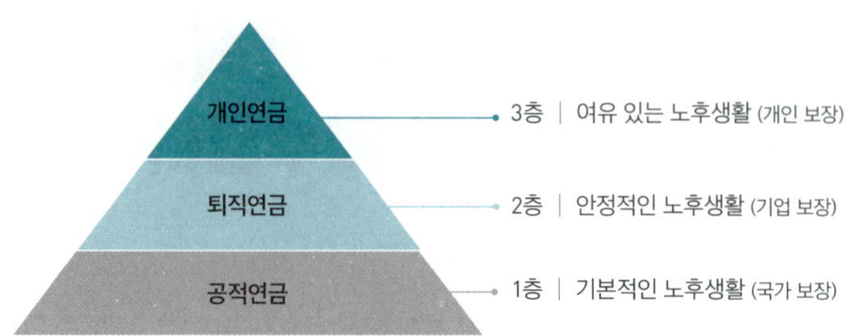

6,735원)에 한참 못 미치는 수준입니다. 이 때문에 한국의 노인빈곤 문제는 OECD 38개 회원국 중에서 1위라는 불명예를 안고 있습니다. 실제로 2023년 OECD 발표에 따르면 한국의 노인빈곤율(65세 이상)은 40.4%로, 세계 평균(16.1%)의 약 2.5배에 달할 정도로 심각합니다. 결국 연금 수급자가 늘어도 정작 지급액은 생활을 유지하기에 턱없이 부족했고, 이는 국가 재정만으로는 노후를 충분히 책임질 수 없다는 현실을 그대로 보여 줍니다.

이런 맥락에서 정부는 '개인이 스스로 노후를 준비할 수 있도록 지원하겠다'는 신호를 보내기 시작했습니다. 국민연금 같은 공적 제도로는 한계가 분명하기에, 추가적인 자산 형성이 가능하도록 세제 혜택을 주는 장치를 마련한 것이 바로 '절세계좌'(ISA, 연금저축, IRP 등)입니다. 다시 말해, 절세계좌는 세금을 줄여 주는 수단을 넘어 국가 차원에서 개인에게 목돈 마련 및 노후자산을 준비하도록 권장하는 정책적 도구인 셈입니다.

절세계좌 3종 비교

구분	중개형 ISA계좌	연금저축계좌	IRP계좌
가입 목적	목돈 마련	노후자금 준비	노후자금 준비
가입 대상	만 19세 이상 누구나	연령·소득 제한 없음	근로소득자, 자영업자
의무가입 기간	3년(최대 5년)	• 5년 이상 가입 유지 • 55세 이후 10년 이상 연금 수령	
납입 한도	연 2,000만 원 5년 최대 1억 원 (납입한도 이월 가능)	연금저축+IRP 합산 연 1,800만 원	
중도 인출	세액공제 받지 않은 자금(원금)은 언제든 인출 가능		매우 제한적 (주택구입, 가족요양, 파산 등 가능)
투자 불가능 상품	• 해외상장 주식 • 해외상장 ETF	• 국내상장 개별주 • 국내상장 인버스 ETF • 국내상장 레버리지 ETF • 해외상장 주식 • 해외상장 ETF	• 국내상장 개별주 • 국내상장 인버스 ETF • 국내상장 레버리지 ETF • 국내상장 파생상품 ETF • 해외상장 주식 • 해외상장 ETF
위험자산 비중	최대 100% 가능	최대 100% 가능	최대 70% 가능

절세계좌 1
ISA(개인종합자산관리계좌)

ISA는 하나의 계좌 안에서 여러 금융상품에 투자하면서 동시에 절세 혜택까지 누릴 수 있는, 말 그대로 '만능 통장'입니다. 예를 들어, 삼성전자·SK하이닉스 같은 국내 주식, TIGER 미국 S&P500·나스닥100 같은 국내상장 해외 ETF, 펀드와 채권 등 다양한 상품을 한 계좌에서 자유롭게 사고팔 수 있습니다. 특히 ISA는 투자자가 직접 어떤 상품에 투자할지를 선택하고 운용할 수 있는데, 이때는 신탁 보수가 없는 '중개형 ISA'로 개설해야 가장 효율적입니다.

ISA는 만 19세 이상이라면 누구나 가입할 수 있습니다. 다만 '금융소득종합과세 대상자'는 제외됩니다. 계좌에는 1년에 최대 2,000

만 원씩, 5년 동안 총 1억 원까지 넣을 수 있습니다. 만약 어떤 해에 한도를 다 채우지 못했다면, 그 남은 금액을 다음 해로 이월해서 채울 수도 있습니다. 또한 ISA는 최소 3년 이상 유지해야 하는 의무가입 기간이 있는데, 이 기간을 채우면 아래의 세제 혜택을 받을 수 있습니다.

비과세 혜택

ISA계좌에서는 일정 금액까지 발생한 수익에 대해 세금을 전혀 내지 않습니다. 다만 유형별로 조건과 한도가 조금 다릅니다.

- **일반형 ISA:** 직전 연도 근로소득이 5,000만 원 초과이거나 종합소득이 많은 경우 해당되며, 200만 원까지 비과세 혜택을 받을 수 있습니다.
- **서민형 ISA:** 연소득이 5,000만 원 이하 또는 종합소득 금액이 3,800만 원 이하라면 가입 가능하며, 비과세 한도가 400만 원으로 더 높습니다. 소득이 없거나 낮아도 조건을 충족하면 가입할 수 있습니다.
- **농어민형 ISA:** 농업·어업에 종사하면서 종합소득이 3,800만 원 이하인 경우 가입 가능하며, 비과세 한도는 400만 원입니다.

예를 들어, 서민형 기준으로 ISA계좌에서 발생한 수익이 400만 원이라면 전액 세금을 내지 않고 온전히 가져갈 수 있는 것이지요.

분리과세 혜택

국내 주식은 기본적으로 매매차익에 대해 세금을 부과하지 않고(대주주 예외) 배당소득에만 과세합니다. 그러나 TIGER 미국 S&P500, 나스닥100 같은 국내상장 해외 ETF는 매매차익과 분배금(배당금)에 모두 세금이 붙습니다. 종합계좌에서 이런 수익이 발생하면 15.4% 세율(소득세 14% + 지방세 1.4%)이 적용되고, 고액 금융소득자의 경우 종합소득세율(최대 49.5%)까지 올라갈 수 있습니다.

반면 ISA계좌에서는 비과세 한도(일반형 200만 원, 서민·농어민형 400만 원)를 초과한 수익에 대해서도 단일 세율 9.9%만 적용됩니다. 또한 금융소득종합과세에도 합산되지 않으므로 훨씬 안정적인 절세 효과를 얻을 수 있습니다.

예를 들어 수익이 1,000만 원 발생했다면 어떻게 될까요?

- 종합계좌에서는 15.4% 세율로 154만 원을 세금으로 냅니다.
- ISA 일반형은 200만 원 비과세 후 800만 원 × 9.9% = 79만 원을 세금으로 냅니다.

- ISA 서민·농어민형은 400만 원 비과세 후 600만 원 × 9.9% =
  59만 원을 세금으로 냅니다.

어떤가요? 같은 수익이라도 세금 차이가 최대 95만 원까지 벌어지니, ISA계좌를 활용하는 것이 얼마나 중요한지 한눈에 보이지요.

손익 통산 혜택

ISA계좌 안에서는 이익과 손실을 합산할 수 있습니다. 예를 들어, TIGER 미국S&P500 ETF에서 500만 원 이익, 삼성전자에서 500만 원 손실이 났다고 가정해 봅시다.

종합계좌의 경우

- 국내상장 해외 ETF의 매매차익과 분배금은 과세 대상입니다. 손실은 세금 계산에 반영되지 않기 때문에, TIGER 미국 S&P500에서 난 500만 원 이익에 대해 세율 15.4%가 적용됩니다.

  → 77만 원을 세금으로 내야 합니다.

이처럼 ISA 안에서는 국내상장 해외 ETF뿐 아니라 국내 주식, 펀드, 채권 같은 다양한 자산을 함께 담을 수 있기 때문에 '손익 통산' 혜택이 실제로 투자 전반에서 큰 도움이 될 수 있습니다.

연금계좌 이체 시 추가 세액공제 혜택

ISA는 혼자만으로도 충분히 강력한 절세 수단이지만, 만기가 된 뒤 자금을 연금저축계좌나 IRP(개인형 퇴직연금)계좌로 옮기면 또 한 번의 혜택이 따라옵니다.

쉽게 말해, 원래 연금저축·IRP계좌에는 각각의 세액공제 한도가 있습니다. 그런데 ISA에서 돈을 옮길 때는 이 기존 한도와는 별도로, 이체한 금액의 10%를 세액공제 받을 수 있습니다(단, 최대 300만 원까지).

예를 들어 볼까요?

- ISA 만기 자금 3,000만 원을 연금저축계좌로 옮겼다고 가정합시다.
- 그러면 이 3,000만 원 중 10%, 즉 300만 원이 세액공제 대상이 됩니다.
- 연말정산에서 이만큼 세금을 줄일 수 있습니다.

결국 이 혜택은 세금을 아끼는 차원을 넘어 ISA 만기 자금을 노후 준비 계좌로 자연스럽게 옮겨 가도록 유도하는 제도적 보너스라고 할 수 있습니다. 정부가 국민들에게 "세금 혜택 줄 테니 노후 대비 자금을 차곡차곡 쌓아 두세요"라고 등 떠밀어 주는 셈입니다.

절세계좌 2
연금저축펀드

연금저축은 크게 '연금저축보험', '연금저축신탁', '연금저축펀드', 이 세 가지 형태로 나뉩니다. 이 가운데 실제 투자자들이 가장 많이 선택하고 활용도 또한 높은 상품은 증권사를 통해 가입하는 '연금저축펀드'입니다. 연금저축펀드는 말 그대로 안정적인 노후를 대비하기 위한 장기 투자용 계좌입니다. 매달 혹은 매년 일정 금액을 넣어 두고, 그 자금을 ETF·펀드 등 다양한 금융상품에 투자할 수 있죠. 따라서 그저 돈을 쌓아 두는 저축 통장이 아니라 투자를 통해 자산을 불려 가는 '개인연금 통장'이라고 이해하면 쉽습니다.

이 계좌에서 투자할 수 있는 상품은 크게 네 가지로 나눌 수 있습니다. 먼저 국내지수 ETF(예. KODEX 200, TIGER 코스닥150)를 통해 한국 시장을 대표하는 지수에 투자할 수 있으며, 국내상장 해외 ETF(예. TIGER 미국S&P500, TIGER 미국나스닥100)를 통해 미국이나 글로벌 시장에도 투자할 수 있습니다. 또 배당 ETF(예. PLUS고배당주, TIGER 미국배당다우존스)를 활용하면 안정적인 배당을 노릴 수 있으며, 채권 ETF [예. KODEX 종합채권(AA-이상)액티브, KODEX 미국10년국채액티브(H)]를 통해 변동성이 낮은 안전자산에도 분산투자할 수 있습니다. 이렇게 다양한 ETF를 조합하면 연금저축펀드 하나로 주식·배당·채권까지 균형 잡힌 포트폴리오를 만들 수 있지요. 즉, 그저 돈을 넣어 두는 데서 그치지 않고 투자 수익을 통해 노후 자산을 키워 갈 수 있다는 것이 큰 장점입니다.

연금저축펀드는 누구나 가입할 수 있으며, 소득이 없는 미성년자나 대학생, 주부도 계좌 개설이 가능합니다. 연간 최대 1,800만 원(단, IRP와 합산)까지 납입할 수 있고, 꾸준히 납입하면 투자금과 운용 수익을 함께 쌓아 갈 수 있습니다.

가입 후에는 최소 5년 이상 유지해야 하며, 만 55세 이후부터 연금 형태로만 수령할 수 있습니다. 다만 자금이 급히 필요할 경우, 세액공제를 받지 않은 원금에 한해서는 자유롭게 인출이 가능합니다. 그러나 중도 해지하거나 연금 외 방식으로 인출할 경우에는 기타소득세 16.5%가 부과되니, 노후자금으로 끝까지 유지하는 것이 가장 바람직합니다.

세액공제

연금저축계좌의 가장 큰 매력은 바로 세액공제 혜택입니다. 쉽게 말해, 내가 연금저축계좌에 돈을 넣으면 그 금액의 일정 부분을 세금에서 빼주는 제도이죠.

예를 들어 1년 동안 연금저축계좌에 납입한 금액 중 최대 600만 원까지 세액공제를 받을 수 있습니다. 여기서 적용되는 비율은 소득 수준에 따라 달라집니다.

- 총급여가 5,500만 원 이하(종합소득 4,500만 원 이하)라면 → 납입액의 16.5%가 공제됩니다.
- 총급여가 5,500만 원 초과(종합소득 4,500만 원 초과)라면 → 납입액의 13.2%가 공제됩니다.

즉, 연봉 5,000만 원 미만인 직장인이 연금저축펀드에 600만 원을 납입했다면, 연말정산 때 무려 99만 원(600만 원 × 16.5%)의 세금이 줄어드는 효과를 얻을 수 있습니다. 반대로, 연봉이 5,500만 원을 초과하는 경우에는 세액공제율이 13.2%로 적용되어, 같은 금액을 납입했을 때 79만 2,000원(600만 원 × 13.2%)의 세금 절감 효과를 얻게 됩니다.

다만, 연금저축펀드에 돈을 넣는다고 해서 세액공제가 자동으로 모두 적용되지는 않는다는 점에 유의해야 합니다. 실제로 내야 할 세금(기납부세액)이 있어야만 혜택을 받을 수 있습니다. 예를 들어 이미 기부금, 교육비, 의료비, 신용카드 사용액 등 다른 공제로 세금이 대부분 감면된 경우에는 남아 있는 세금이 없으므로 연금저축으로 추가 세액공제를 받을 수 없습니다. 또 애초에 소득이 낮아 원천징수된 세금 자체가 적다면, 공제를 계산하더라도 돌려받을 금액이 거의 없을 수 있습니다. 따라서 개인별 소득과 공제 상황에 따라 실제 혜택 규모가 달라질 수 있으니 반드시 본인의 세금 내역을 확인해 보는 것이 필요합니다.

저율 과세

연금저축계좌는 세제 혜택이 크게 두 가지인데, 첫 번째는 납입할 때의 세액공제, 두 번째는 나중에 연금으로 받을 때 적용되는 저율과세입니다. 이때 과세 대상은 세액공제를 받았던 납입금액과 운용 수익인데, 중요한 것은 일반소득세가 아니라 연금소득세(저율과세)가 적용된다는 점입니다. 즉, 연금으로 수령할 때 나이에 따라 5.5~3.3%의 낮은 세율만 부담하면 되므로, 은퇴 후 생활비를 꺼낼 때 세금 부담을 크게 줄일 수 있습니다.

일반적으로 소득세율은 적게는 6%에서 많게는 40% 이상까지 부과될 수 있지만, 연금저축에서 받는 연금소득에는 나이에 따라 저율 과세가 적용됩니다.

- 55세 이상 ~ 70세 미만: 5.5%
- 70세 이상 ~ 80세 미만: 4.4%
- 80세 이상: 3.3%

한 가지 알아 둘 점은, 연금저축계좌에서 수령하는 연금 전체에 대해 연간 1,500만 원까지 위와 같은 저율의 연금소득세가 적용된다는 것입니다. 만약 연금 수령액이 1,500만 원을 초과하면, 그 초과분은 종합과세(6.6~49.5%) 또는 분리과세 16.5%(지방세 포함) 중 하나를 선택해 납부해야 합니다.

절세계좌 3
IRP (개인형 퇴직연금)

IRP는 원래 퇴직하거나 이직할 때 받는 퇴직금을 안전하게 굴려서 노후자금으로 활용할 수 있도록 만든 제도입니다. 하지만 꼭 직장인만 가입할 수 있는 것은 아닙니다. 근로소득자뿐 아니라 개인사업자, 프리랜서 등 소득이 있는 사람이라면 누구나 가입할 수 있습니다.

IRP계좌에는 퇴직금뿐 아니라 개인이 직접 돈을 넣을 수도 있습니다. 연금저축계좌와 합산해 연간 최대 1,800만 원까지 납입할 수 있고, 투자 대상도 다양합니다. 예금·국고채 같은 원리금 보장 상품은 물론, ETF·펀드·리츠REITs 같은 투자형 상품에도 투자할 수 있습니다. 다만, 연금저축펀드와 달리 위험자산은 계좌 전체의 최대 70%까지만 담을 수 있다는 제한이 있습니다. 이는 노후자금을 단기간의 위험 투자로 잃지 않도록, 최소 30%는 예금이나 채권 같은 안전자산에 두도록 설계된 장치입니다.

IRP 역시 연금저축과 마찬가지로 가입 후 최소 5년 이상 유지해야 하고, 만 55세 이후부터 연금 형태로 수령할 수 있습니다. 하지만 중요한 차이가 하나 있습니다. 바로 중도 인출이 거의 불가능하다는 점입니다. 연금저축펀드는 세액공제를 받지 않은 원금에 한해서는 자유롭게 인출할 수 있지만, IRP는 자금을 빼려면 계좌를 아예 해지해야 합니다.

또한 IRP에는 별도의 해지 수수료는 없지만, 세액공제를 받은 금액을 중도 해지할 경우에는 총납입액의 16.5%가 기타소득세로 부과됩니다. 그래서 사실상 세금 불이익이 '해지 수수료' 역할을 한다고 볼 수 있지요. 다만 법에서 정한 특별한 사유, 예를 들어 6개월 이상 장기 요양이 필요한 의료비 발생, 천재지변, 무주택자의 주택 구입이나 전세 보증금 마련 등을 위해서는 중도 인출이 허용됩니다.

세액공제

IRP계좌도 연금저축계좌와 마찬가지로 세액공제 혜택을 똑같이 누릴 수 있습니다. 차이가 있다면, IRP를 함께 활용할 경우 세액공제의 한도가 더 늘어난다는 점입니다.

연금저축계좌는 1년에 최대 600만 원까지만 세액공제가 가능하지만, IRP까지 함께 활용하면 한도가 900만 원으로 늘어납니다. 즉, 연금저축계좌에 600만 원을 채우고, IRP에 추가로 300만 원을 넣으면 합산해서 900만 원까지 공제를 받을 수 있는 것이죠.

예를 들어 연봉 5,000만 원 미만인 직장인이 연금저축펀드에 900만 원을 납입했다면, 연말정산 때 무려 148만 5,000원(900만 원 × 16.5%)의 세금이 줄어드는 효과를 얻을 수 있습니다. 반대로, 연봉이 5,500만 원을 초과하는 경우에는 세액공제율이 13.2%로 적용되어, 같은 금액을 납입했을 때 118만 8,000원(900만 원 × 13.2%)의 세금 절감 효과를 얻게 됩니다.

다시 한번 말씀드리지만, 세액공제는 돈을 납입한다고 해서 누구에게나 똑같이 적용되는 것은 아닙니다. 실제로 납부한 세금이 있어야만 공제가 가능하다는 점을 기억해 두십시오. (자세한 내용은 앞서 연금저축펀드 부분에서 설명드린 바와 같습니다.)

저율 과세

IRP도 연금저축과 마찬가지로 세액공제를 받은 금액과 운용 수익에 대해 연금소득세(저율 과세)가 적용됩니다. 다만 IRP는 퇴직금까지 함께 모을 수 있다는 점에서, 실제 연금 수령액이 더 커질 수 있습니다.

세율 구조는 연금저축과 동일합니다.

- 55세 이상 ~ 70세 미만: 5.5%

- 70세 이상 ~ 80세 미만: 4.4%

- 80세 이상: 3.3%

추가로, 연금저축과 IRP를 합산한 연금 수령액 기준으로 연간 1,500만 원까지는 위의 저율 과세가 적용됩니다. 만약 초과한다면, 그 초과분에 대해서는 종합과세(6.6~49.5%) 또는 분리과세(16.5%) 중 하나를 선택해 세금을 낼 수 있습니다. 따라서 연금 수령액을 한도 내에서 분산해 꺼내는 전략도 필요합니다.

효과적인 계좌 활용

ISA, 연금저축, IRP는 모두 절세 혜택이 뛰어나지만, 모든 사람에게 똑같이 들어맞는 것은 아닙니다. 투자 기간, 자금 운용 계획, 노후 대비 목적에 따라 최적의 선택은 달라집니다. 그렇다면 상황에 따라 어떤 계좌를 활용하는 것이 가장 효과적인 선택일까요?

짧게 굴리고 싶다면, ISA

어떤 분들은 이렇게 생각합니다. "노후 준비는 해야겠지만 10년, 20년씩 돈을 묶어 두긴 부담스럽다. 차라리 몇 년 안에 쓸 목돈을 굴리고 싶다." 바로 이런 분들에게 어울리는 것이 ISA(개인종합자산관리계좌)입니다.

ISA는 3년만 채우면 의무기간이 끝나고, 그 이후에는 언제든 해지할 수 있습니다. 게다가 수익이 났을 때 비과세와 분리과세 혜택까지 주어지죠. 쉽게 말해, 단기·중기 목돈 마련과 절세를 동시에 챙길 수 있는 '만능 통장'이라 할 수 있습니다. 해지하고도 새 계좌를 다시 열 수 있어서, 3년 단위로 반복해 활용하는 것도 가능합니다.

노후를 준비하되 유연하게 쓰고 싶다면, 연금저축

반대로, "노후 대비는 해야 하지만 살다 보면 결혼, 내 집 마련 같은 큰돈이 필요할 수도 있다"는 분들도 있을 겁니다. 이런 분들께는 연금저축펀드가 더 잘 맞습니다.

연금저축은 장기 투자 계좌이지만, 세액공제를 받지 않은 원금은 필요할 때 과세 없이 꺼낼 수 있습니다. 물론 수익이나 세액공제 받은 금액을 중간에 빼면 세금을 내야 하니 주의가 필요합니다. 그렇지만 '꼭 필요하다면 일부 원금은 언제든 꺼낼 수 있다'는 점에서, 결혼·주거 같은 인생의 큰 이벤트를 준비하면서도 동시에 노후를 설계할 수 있는 유연한 계좌라 할 수 있습니다.

안정적인 노후에 집중하고 절세 효과를 극대화하고 싶다면, IRP

마지막으로 "세액공제 한도를 최대한 활용하면서 오직 노후 준비에 집중하고 싶다"는 분들께는 IRP(개인형 퇴직연금)가 적합합니다. IRP는 법에서 정한 특별한 경우를 제외하면 중도 인출이 거의 불가능합니다. 그래서 사회초년생처럼 언제 목돈이 필요할지 모르는 분들보다는, 어느 정도 자산이 안정된 40~50대 이후 세대에게 더 알맞습니다. 연금저축과 합산할 경우 세액공제 한도가 최대 900만 원까지 확대되기 때문에 세금을 절감하면서 노후자금을 안전하게 불려 가는 데 최적화된 계좌입니다.

ETF 수동매수하기

주식을 실제로 사기 전에 먼저 용어부터 정리해 보겠습니다. 주식투자에서 기본 중의 기본이 되는 두 가지 개념이 있는데요, 하나는 '매수'와 '매도'이고, 다른 하나는 '예수금'입니다. 이 두 가지를 알아야 본격적인 매수 과정이 훨씬 쉽게 이해될 겁니다. 꼭 기억해 두세요!

꼭 알아 두어야 할 용어

매수와 매도

주식투자의 가장 기본은 매수와 매도입니다.

매수란 말 그대로 '주식을 산다'는 뜻입니다. 내가 원하는 종목 (예. S&P500 ETF)을 정해진 가격에 사는 순간, 그 주식이 내 자산이 됩니다. 매수는 은행에 저금을 하는 것과 달리, 가격이 오르면 수익을 얻고 가격이 떨어지면 손실을 보는 투자의 출발점입니다.

매도는 '주식을 판다'는 뜻입니다. 내가 보유한 주식을 팔아서 현금화하는 과정이죠. 보통 매수가보다 주가가 올랐을 때 매도하면 수익을, 반대로 떨어졌을 때 팔면 손실을 보게 됩니다.

예수금

주식을 사고파는 일은 증권계좌에서 이루어지므로 주식을 매수하려면 우선 증권사계좌에 현금을 준비해 두어야 합니다. 이 돈을 '예수금'이라고 합니다. 은행 통장의 돈을 증권사계좌로 이체해 놓은 뒤 주식을 사거나, 이미 가지고 있던 주식을 팔아 현금화한 뒤 사용할 수 있는 자금을 말합니다.

예수금의 특징은 다음과 같습니다.

- 언제든지 주식을 매수할 수 있는 준비된 자금입니다.
- 다시 은행계좌로 출금할 수도 있습니다.
- 증권사계좌 화면의 [예수금] 항목에서 현재 보유 금액을 확인할 수 있습니다.

- 보유한 주식을 매도했을 때 그 돈으로 즉시 주식을 매수할 수는 있으나 바로 현금처럼 쓸 수는 없습니다. 실제 예수금으로 확정되기까지는 2영업일(D+2일)이 필요합니다. 따라서 오늘 매도했다면 이틀 뒤 영업일에야 출금이 가능합니다. 예를 들어 금요일에 매도하면, 토·일요일은 영업일에 포함되지 않기 때문에 다음 주 화요일이 되어야 출금할 수 있습니다.

자, 이제 드디어 실제로 주식을 매수하는 방법을 알아보겠습니다. 저는 미래에셋증권 앱을 기준으로 설명드리지만, 다른 증권사 앱도 약간의 차이만 있을 뿐 기본적인 절차는 거의 동일합니다. 따라서 여기서 익히는 방법을 토대로, 여러분이 사용하는 증권사 앱에서도 어렵지 않게 따라 할 수 있습니다.

주식 매수 방법

1. 주식 주문 화면 이동

증권사 앱 하단 메뉴에서 [국내주식] → [주식주문]으로 들어갑니다.

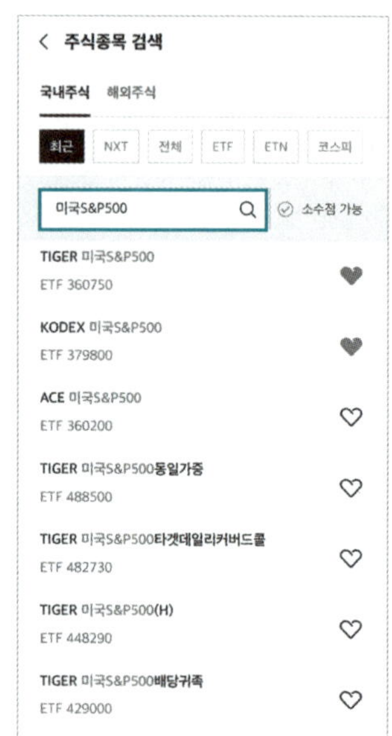

2. 종목 검색

상단 검색창에 원하는 종목명을 입력합니다. 예를 들어 'S&P500'을 검색하면 TIGER 미국S&P500, KODEX 미국S&P500 같은 국내상장 ETF들이 나타납니다. 원하는 종목을 선택하세요.

3. 매수할 계좌 확인

계좌가 여러 개라면, 매수를 진행할 계좌를 먼저 선택합니다. (예. 종합계좌 / ISA계좌 / 연금저축계좌 등)

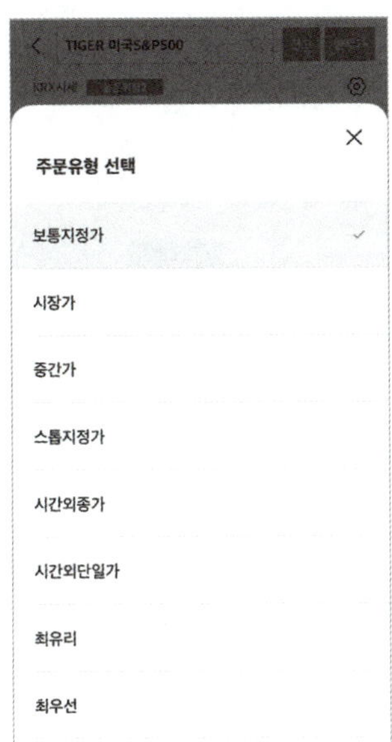

4. 주문 방식 선택 (지정가 vs. 시장가)

주식을 매수할 때는 종목과 수량만 정하는 게 아니라, 어떤 가격에 살지를 정해야 합니다. 이때 사용하는 것이 바로 주문 방식입니다. 크게 두 가지가 있습니다.

(1) 지정가 주문 예시

내가 원하는 가격을 지정해서 매수하는 방식입니다. 예를 들어, TIGER 미국S&P500 ETF가 22,775원에 거래되고 있을 때, 앱에서 '지정가' 주문을 선택한 뒤 가격을 22,770원으로 설정해 두면,

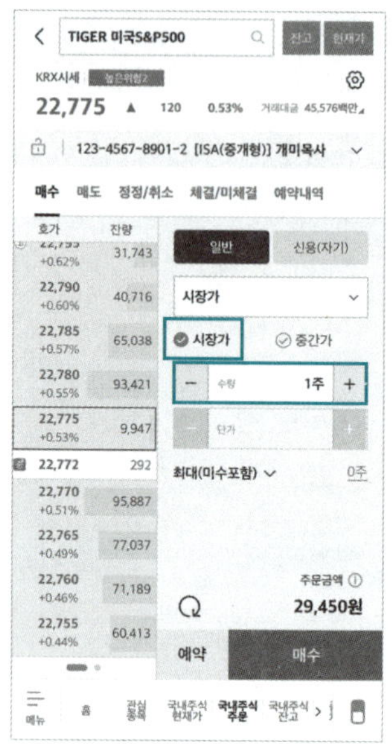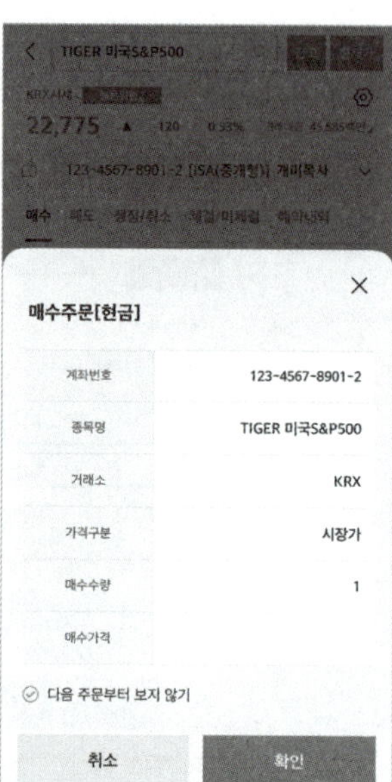

주가가 22,770원까지 내려왔을 때 주문이 체결됩니다.

- 장점: 내가 원하는 가격을 지정해서 살 수 있습니다.
- 단점: 너무 낮은 가격을 지정하면 아예 체결이 안 될 수 있습니다.

(2) 시장가 주문 예시

별도로 가격을 지정하지 않고, 현재 시장 상황에 따라 즉시 매수되는 방식입니다. 예를 들어, ETF 가격이 22,775원에 거래되고 있을 때, 앱에서 '시장가'를 선택한 뒤 주문을 넣으면 그 근처 가격으로 바로 체결됩니다.

- 장점: 복잡하게 가격을 설정할 필요 없이 초보 투자자도 간편하게 주문할 수 있습니다.
- 단점: 주문 시점에 가격이 급변하면 예상보다 높은 가격에 체결될 수 있습니다.

정리하자면, '빠르게 매수'하고 싶다면 [시장가], '내가 원하는 가격에만 매수'하고 싶다면 [지정가]를 사용하면 됩니다. 다만, S&P500이나 나스닥100 같은 국내상장 해외 ETF는 거래량이 많고 가격도 크게 출렁이지 않는 편입니다. 그래서 장기 투자 목적으로 매수한다면, 굳이 주문 방식을 복잡하게 고민하지 않아도 괜찮습니다.

5. 수량 입력 후 매수

원하는 수량을 입력합니다. (ETF는 1주 단위로 매수 가능합니다.)

[매수] 버튼을 누르고 비밀번호를 입력하면 주문이 접수되고, 체결 여부는 [국내주식잔고]에서 확인할 수 있습니다.

ETF 자동매수하기

적립식 투자자를 위한 자동매수

2부 전략편에서 우리는 평범한 개미 투자자가 시장 평균 수익률을 얻는 가장 확실한 방법으로 월 적립식 투자를 살펴보았습니다. 하지만 실제로 매달 투자금을 넣고 ETF를 매수하는 일은 말처럼 쉽지 않습니다. 적립식 투자의 핵심은 '꾸준함'인데, 더 낮은 가격을 기다리다 타이밍을 놓치거나, 바쁜 일상에 밀려 깜빡하는 경우가 많습니다. 이렇게 몇 번만 건너뛰어도 적립식 투자의 효과는 크게 줄어들죠.

이런 불편함을 해결하기 위해 증권사에서는 자동매수 서비스를 제공합니다. 한 번만 설정해 두면, 매달 원하는 날짜에 정해진 금액이 계좌에서 빠져나가고, 지정한 ETF가 자동으로 매수됩니다. 마치 적금을 들듯 손대지 않고도 꾸준한 투자가 이어지는 것이지요.

자동매수 방법

1. 자동이체 설정하기

(1) 증권사 앱 홈 화면 상단 검색창에 [자동이체]를 입력

(2) [자동이체] 메뉴에서 이체할 계좌(종합 / ISA / 연금저축) 선택 후 [신규 등록]

(3) [내 계좌로 가져오기] 선택

(4) 출금 은행·계좌번호·이체 금액·이체 기간·이체일 입력 후 등록 완료

→ 이렇게 하면 매달 정해진 날짜에 내 은행 계좌에서 지정한 증권사 계좌로 설정한 금액이 자동 이체됩니다.

2. (종합계좌, ISA계좌) 적립식 투자 신청하기

(1) 증권사 앱 하단 메뉴에서 [주식] → [모으기 신청]

(2) 첫 이용 시 [적립식 자동주문 서비스] 등록

(3) 주식 모으기 화면에서 계좌 확인 후 원하는 종목 추가

　(예. TIGER 미국S&P500, KODEX 미국나스닥100 등)

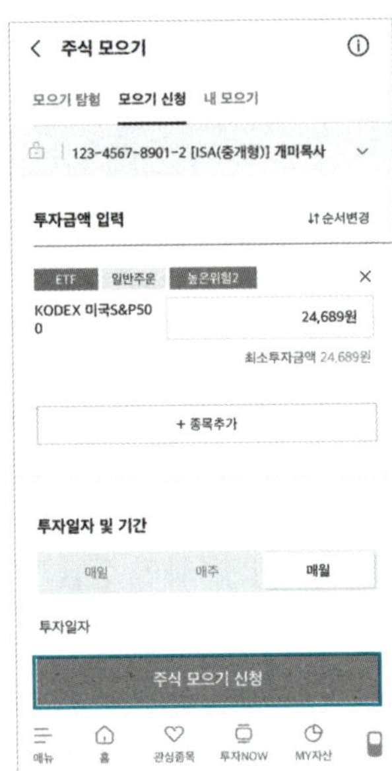

(4) 투자 일자 및 기간 설정 후 [주식 모으기 신청] 선택

→ 이렇게 설정해 두면, 매달 종합계좌나 ISA계좌에서 지정한 ETF가 자동으로 매수됩니다.

3. (연금저축계좌) **적립식 투자 신청하기**

(1) 증권사 앱 하단 메뉴에서 [연금] → [연금 모으기 신청]

(2) 첫 이용 시 [적립식 자동주문 서비스] 등록

(3) [연금 모으기] 화면에서 원하는 종목 추가

(예. TIGER 미국S&P500, KODEX 미국나스닥100 등)

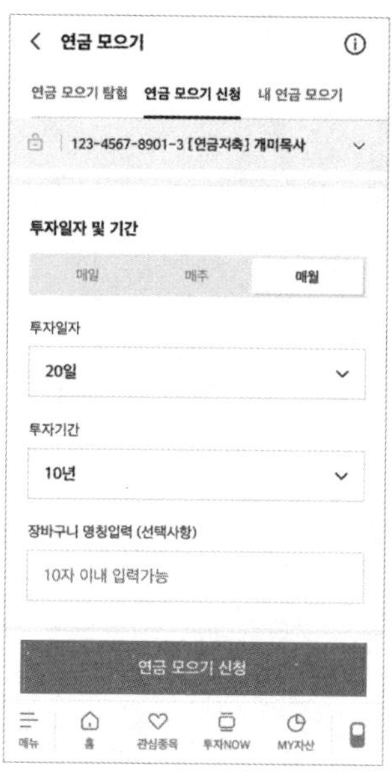

(4) 투자 일자 및 기간 설정 후 [연금 모으기 신청] 선택

→ 이렇게 설정해 두면, 매달 연금저축계좌에서 지정한 ETF가 자동으로 매수됩니다.

설명은 미래에셋증권 앱을 기준으로 했지만, 다른 증권사 앱도 비슷한 구조라 어렵지 않게 따라 하실 수 있습니다. 팁을 드리자면, 자동이체일을 월급일 다음 날에 맞추고 실제 투자일을 1~2일 뒤로 설정하면 더욱 편리하게 적립식 투자를 이어 갈 수 있습니다.

4부

성경에서 퍼 올린 월가의 지혜

본질은
변하지 않는다

세계 금융시장의 핵심인 월가Wall Street의 전설로 불리는 인물들이 있습니다. 관심 있는 분들이라면 한번쯤 들어보았을 이름들입니다.

가치 투자의 아버지라 불리는 벤저민 그레이엄을 시작으로, 인덱스펀드의 창시자 존 보글, 투자의 귀재 워런 버핏, 월가의 영웅 피터 린치 같은 인물들이 그렇습니다. 이들이 남긴 어록은 오늘날까지도 투자자들에게 교과서처럼 읽히며, 그 속에 담긴 통찰은 인생철학처럼 오래 곱씹을 만한 깊이를 지니고 있습니다.

저는 이들의 어록을 읽을 때마다 낯설지 않은 울림을 느낍니다. 그 이유는 이러한 지혜가 전혀 새로운 것이 아니었기 때문입니다.

이미 오래전 성경 속에서 반복해 강조되어 온 교훈들이, 월가라는 무대에서 금융의 언어로 번역되어 오늘의 투자자들에게 다시 들려오고 있었던 것이지요. 달라진 것은 표현일 뿐, 본질은 변하지 않았습니다.

이 장에서는 투자자들의 명언을 성경의 빛 아래에서 다시 읽으며, 오늘날 우리에게 필요한 성경적 원칙으로 새롭게 풀어내 보고자 합니다.

1. 자기 자본으로 투자하라

주식투자는 장기적인 관점에서 해야 한다. 빚으로 투자하는 것은 단기적인 이익을 좇는 것과 같다. (존 보글)

아들아, 네 이웃의 담보를 서거나 남의 보증을 서지 마라. 네가 한 말에 네가 걸려들고 네가 한 약속에 네가 얽매이리라. (잠언 6:1-2, 공동번역)

"투자는 자기 돈으로 하는 게 당연하지 않나요?"라고 묻는 분들이 있습니다. 하지만 현실은 꼭 그렇지 않습니다. 여전히 적지 않은 사람들이 신용대출, 마이너스통장, 심지어는 곧 집주인에게 돌려줘야 할 전세금까지 끌어와 주식시장에 뛰어듭니다. 저 역시 미국 주식 투자자 커뮤니티에서 그런 사례들을 여러 번 보았는데, 안타깝게도 결말은 대부분 큰 손실이었습니다. 이런 경우 문제의 핵심은 원금 자체가 아니라 투자자의 심리에 있습니다.

빚으로 하는 투자는 이미 기울어진 운동장에 들어선 것이나 다름없습니다. 작은 손실에도 밤잠을 설치고, 매달 원금과 이자를 갚아야 한다는 압박감은 냉정한 판단을 가로막습니다. 주식시장은 원래 오르내림이 당연한 곳인데, 예상치 못한 하락이 닥치면 견디지 못하고 결국 헐값에 매도하게 됩니다.

그렇다면 사람들은 왜 이런 선택을 하게 될까요? 그 밑바탕에는 불안과 조급함이 자리하고 있습니다. 내 자본만으로는 부족하다는 생각, 지금 이 기회를 놓치면 뒤처질 것 같다는 두려움이 사람들을 위험한 선택으로 이끕니다. 그러나 이는 결국 성경이 경고하는 '남의 보증'과 다르지 않습니다. 자신의 형편으로 감당하기 어려운 짐을 무리하게 떠안는 선택일 뿐입니다.

그래서 저는 믿습니다. 자기 자본만으로 투자하는 건 단순히 안전한 방법을 넘어 마음을 지키는 지혜입니다. 남의 돈이 얽히지 않아야 긴 호흡으로 시장을 바라볼 수 있고, 단기적인 변동성 앞에서도 흔들리지 않을 수 있습니다. 성경이 교훈하는 바와 같이 빚으로 시작한 투자는 결국 우리를 옭아매고 자유를 빼앗습니다. 반대로 적은 금액일지라도 자기 자본으로 투자하면 흔들리지 않는 마음으로 시장의 변동성을 견디며 장기적인 결실을 바라볼 수 있습니다.

2. 분산투자하라

분산투자는 투자에서 '안전 마진'을 확보하는 가장 효과적인 방법 중 하나이다. (벤저민 그레이엄)

이 세상에서 네가 무슨 재난을 만날지 모르니, 투자할 때에는 일곱이나 여덟로 나누어 하여라. (전도서 11:2, 새번역)

2008년, 워런 버핏은 월가의 자존심을 건 도전장을 내밀었습니다. "앞으로 10년 동안, 인덱스펀드가 헤지펀드를 이길 겁니다." 그의 제안에 응한 업체는 뉴욕의 헤지펀드 운용사 '프로테제 파트너스'Protégé Partners였습니다. 버핏은 S&P500 인덱스펀드 하나를, 프로테제는 자신들이 고른 5개의 헤지펀드 포트폴리오를 대표로 내세웠습니다. 각자 32만 달러(약 4억 원)씩을 투자해 10년 후 누가 더 높은 수익률을 올리는지 내기를 한 것이죠.

초기 몇 년간은 헤지펀드 쪽이 우세했습니다. 2008년 금융위기로 주식시장이 급락했을 때 인덱스펀드는 큰 손실을 입었기 때문입니다. 그러나 시간이 흐르자 상황은 완전히 뒤집혔습니다. 시장이 회복되면서 인덱스펀드는 복리의 힘을 발휘했고, 10년 뒤 결과는 압도적이었습니다. 워런 버핏이 선택한 S&P500 인덱스펀드는 10년 동안 연평균 약 7.1%의 복리 수익을 냈고, 반면 프로테제가 선택한 헤지펀드 포트폴리오는 연평균 약 2.2% 수준에 머물렀습니다. 즉, 10년 누적으로 보면 인덱스펀드는 약 126% 상승했지만, 헤지펀드 쪽은 약 36% 상승에 그쳤죠.

이 내기의 결론은 명확했습니다. "단순함이 가장 강력한 무기다." 수많은 분석과 예측이 난무하는 시장에서도, 결국 낮은 수수료와 꾸준함, 그리고 복리의 힘이 가장 강력한 무기임을 보여 준 상징적인 사건이죠. 그래서 지금도 이 내기는 개미 투자자들에게 '인덱스 투자의 본질은 단순함 속의 위대함'이라는 메시지를 전하는 대표적인 사례로 회자되고 있습니다.

그런데 이 단순함의 철학은 사실 새로울 것이 없습니다. 성경은 이미 수천 년 전, 불확실한 세상을 이겨 낼 지혜로운 투자의 길을 제시해 놓았습니다. 바로 "여러 곳에 나누라", 즉 '분산의 원리'입니다. 현대 금융에서 이를 '위험 관리'라고 부르고, 벤저민 그레이엄은 '안전 마진'이라 불렀지만, 본질은 같습니다. 미래를 완벽히 예측할 수 없기에 한 곳에 모든 것을 걸지 않고 지혜롭게 나누는 것, 그것이야말로 시대를 초월한 진정한 투자 지혜인 것입니다.

오늘날 우리가 투자하는 ETF는 이 분산의 원리를 가장 잘 담아 낸 도구입니다. ETF를 매수하는 순간, 이미 수십 개에서 많게는 수백 개 기업에 동시 투자하는 효과를 얻습니다. 그래서 잘 알지도 못하는 특정 기업 주식에 몰빵해 불안해할 필요도 없고, 개별 종목을 일일이 고르느라 머리를 싸맬 이유도 없습니다. ETF는 시장 전체의 흐름을 따라가도록 설계되어 있기 때문에 자연스럽게 안정성과 균형을 챙길 수 있습니다.

결국 분산투자는 하나의 전략을 넘어 인간의 유한함을 인정하는 겸손한 태도입니다. 모든 가능성을 내가 예측하고 통제할 수 있다는 교만 대신에 시장의 불확실성을 받아들이고 한 곳에 몰아 두지 않는 선택이지요. 이것이 성경이 말하는 지혜이며 오늘 우리가 실천할 수 있는 가장 현실적인 투자 원리입니다.

3. 주식은 도박이 아니다

주식투자는 도박이 아니다. 기업의 실적을 보고 투자해야 한다. (피터 린치)

처음부터 빨리 모은 재산은 행복하게 끝을 맺지 못한다. (잠언 20:21, 새번역)

카지노에 가면 왜 사람들이 돈을 잃는지 아시나요? 물론 테이블에 앉아 운 좋게 한두 번 딴 사람도 있지만, 시간이 지날수록 결국 돈은 카지노 쪽으로 흘러갑니다. 이유는 간단합니다. 개인은 가진 돈이 한정되어 있지만, 카지노는 사실상 무한에 가까운 시드머니를 갖고 있기 때문이죠.

겉으로 보면 승률은 크게 다르지 않아 보입니다. 블랙잭에서 이길 확률이나 룰렛에서 맞출 확률은, 개인이 플레이하든 카지노가 상대하든 동일합니다. 그러나 결정적인 차이는 '버틸 수 있는 힘'에서 벌어집니다. 개인은 두세 번 연속해서 지면 손을 털고 나와야 하지만, 카지노는 끝없는 자본으로 계속 승부를 이어 갈 수 있습니다. 결국 확률의 법칙이 작동하면서, 판이 길어질수록 카지노가 이기는 구조가 되는 것입니다.

주식시장도 이와 크게 다르지 않습니다. 코인뿐만 아니라 주식시장에도 하루에 수십 퍼센트, 많게는 몇백 퍼센트까지 치솟는 급등주와 테마주들이 존재합니다. 차트를 보다 보면 "딱 5%만 먹고 나올까?"라는 유혹이 슬며시 찾아오지요. 하지만 바로 그 순간이 함정입니다. 초심자의 운으로 한두 번 수익을 거둘 수는 있겠지만, 그다음에는 원금까지 고스란히 토해 내고 시장에서 퇴출되는 이들이 오늘도 한트럭입니다.

이처럼 주식투자는 기업의 가치를 보고 장기적으로 투자해야 하는 것이지, 단기적인 운에 맡기는 게임판이 아닙니다. 그래서 피터 린치는 "주식투자는 도박이 아니다. 기업의 실적을 보고 투자해야 한다"라고 단언한 것이죠.

성경 역시 오래전부터 "처음부터 빨리 모은 재산은 행복하게 끝을 맺지 못한다"라고 경고해 왔습니다. 단기간에 큰돈을 벌겠다는 조급한 탐욕은 결국 우리를 더 깊은 손실과 파멸로 이끈다는 사실을, 이미 성경과 월가의 지혜가 함께 말해 주고 있습니다.

솔직히 고백하면 저 역시 처음 주식투자를 시작했을 때, 단타 매매를 몇 번 시도한 적이 있습니다. 순간적인 짜릿함에 도파민이 치솟고, 얼마 정도 수익을 거두기도 했습니다. 하지만 시간이 지나 돌아보니 그것은 실력이 아니라 운에 불과했습니다. 결국 단타는 내 마음을 불안하게 하고, 차분히 기다려야 할 기회를 스스로 날려 버리는 길이라는 걸 깨닫게 되었지요. 그 이후로 저는 단타 매매나 테마주, 급등주에는 아예 눈길조차 주지 않고 있습니다. 그리고 바로 그때부터, 비로소 안정적인 투자자의 길에 들어서게 되었습니다.

4. 인내와 절제의 가치를 붙들라

주식시장은 인내심이 없는 자로부터 인내심이 많은 자에게로 돈이 넘어가도록 설계되어 있다. (워런 버핏)

노하기를 더디 하는 사람은 용사보다 낫고, 자기의 마음을 다스리는 사람은 성을 점령한 사람보다 낫다. (잠언 16:32, 새번역)

"주식시장에서 가장 힘든 싸움은 내 욕망과의 싸움이다."
10년, 20년 이상 시장에 머물러 온 투자자들이 한목소리로 하는 말입니다. 사실 투자 원칙을 세우는 것보다 더 어려운 일은 그것을 끝까지 지켜 내는 일입니다. 왜냐하면 우리의 귀는 늘 팔랑거리기 때문이죠. 하루가 멀다 하고 들려오는 뉴스, 시장을 뒤흔드는 소문, 그리고 주변에서 들려오는 누가 샀다더라, 팔았다더라 하는 이야기까지…. 이런 모든 것이 차분히 지켜야 할 우리의 원칙을 무너뜨립니다.

그래서 성경은 오래전부터 "자기의 마음을 다스리는 사람은 성을 점령한 사람보다 낫다"라고 가르쳐 왔습니다. 투자 세계도 마찬가지입니다. 시장을 예측하려는 기술이나 복잡한 차트 분석보다 결국 투자의 성패를 가르는 것은, 내 안의 탐욕과 불안을 얼마나 잘 제어하느냐에 달려 있습니다. 결국 인내와 절제야말로 투자자의 가장 강력한 무기인 셈이죠.

평균 수명이 길어질수록 투자는 단거리 질주가 아니라 수십 년을 달려야 하는 긴 마라톤이 됩니다. 이 여정에서 인내심을 잃은 사람은 중도에 레이스를 포기하지만, 긴 호흡으로 자신의 페이스를 지켜 낸 사람은 끝내 결승선에 도달합니다. 워런 버핏의 말처럼, 주식시장은 결국 인내심이 없는 이의 돈을 인내심 있는 이에게 옮겨 주는 구조로 되어 있기 때문입니다.

실제 역사도 이를 증명합니다. 앞서 살펴봤던 것처럼 닷컴 버블, 글로벌 금융위기, 코로나 팬데믹 등 수많은 하락장이 있었습니다. 심지어 2025년 봄에는 트럼프발 관세전쟁으로 큰 충격이 오기도

했지요. 그때 공포에 휩싸여 서둘러 주식을 팔아 버린 이들은 결국 큰 손실만 남긴 채 시장에서 떠나야 했습니다. 그러나 인덱스펀드에 꾸준히 투자하며 묵묵히 기다린 사람들은 시간이 지나면서 회복과 함께 더 큰 열매를 누릴 수 있었습니다.

우리가 앞에서 배운 이론과 전략은 이제 머리로만 아는 지식이 아니라, 몸으로 익혀야 할 훈련입니다. 알다시피 인내와 절제는 하루아침에 생기지 않습니다. 오늘부터 비록 적은 금액일지라도 꾸준히 투자하며 흔들리는 시장 속에서 스스로를 다스리는 훈련을 시작해 보십시오. 겨자씨 하나가 큰 나무로 자라듯, 그 작은 실천이 모여 언젠가 큰 결실로 돌아올 것입니다.

5. 선한 일에 사용하라

행복은 물질적인 부가 아니라 영적인 부에서 옵니다. 행복은 받는 데서 오는 것이 아니라 주는 데서 옵니다. 우리가 다른 이들에게 행복을 주려고 애쓴다면, 그 행복이 우리에게도 흘러들어오는 것을 막을 수 없습니다. 기쁨을 얻으려면 기쁨을 나눠야 하고, 기쁨을 간직하려면 흩뿌려야 합니다. (존 템플턴)

그대는 이 세상의 부자들에게 명령하여, 교만해지지도 말고, 덧없는 재물에 소망을 두지도 말고, 오직 우리에게 모든 것을 풍성히 주셔

존 템플턴은 일반적인 월가의 투자자와는 달랐습니다. 그는 템
플턴상을 제정한 독실한 크리스천으로서 신앙과 투자, 나눔을 분
리하지 않고 하나의 소명으로 이해하며 살아갔습니다. 투자자로서
세계적인 성공을 거두었지만, 그의 삶의 중심에는 늘 "어떻게 나눌
것인가"라는 질문이 자리했습니다. 그래서 그는 "행복은 받는 데서
오는 것이 아니라 주는 데서 온다"라고 자신 있게 말할 수 있었던
것이지요.

저 역시 투자 수익이 생길 때마다 십일조, 선교헌금, 구제헌금 등
여러 목적으로 구별하여 하나님께 드립니다. 때로는 그 액수가 적
지 않아 '이걸 다 드려야 하나?' 하는 망설임이 들기도 합니다. 그러
나 분명한 것은, 그 돈은 처음부터 제 것이 아니라는 사실입니다.
하나님께서 제게 맡겨 주신 것이라 믿기에, 다시 내어 드리는 일은
오히려 자연스러운 고백이 됩니다. 만약 이런 믿음이 없다면 저는
청지기가 아니라 결국 돈의 노예로 살아갈 수밖에 없을 것입니다.

돈은 모으는 것으로 끝나는 것이 아닙니다. 흘려보낼 때 진정한
가치를 지닙니다. 내가 가진 재물이 오직 나만의 안전망이 되는 순
간, 돈은 자유를 주는 것이 아니라 나를 붙잡는 족쇄가 됩니다. 그

러나 나눔과 베풂의 원칙을 지켜 갈 때 돈은 제자리를 되찾고, 그 안에서 우리는 더 온전한 삶을 살아가게 됩니다. 성경이 우리에게 '재물로 교만하지 말고 선한 일에 힘쓰라'고 명령하는 이유가 바로 여기에 있습니다.

따라서 투자의 마지막 지혜는 얼마나 많은 수익을 내는가에 머물지 않습니다. 그보다 중요한 것은, 그 수익을 어디에, 어떻게 사용하느냐에 달려 있습니다. 우리가 하나님의 주권을 인정하며 그 열매를 선한 일에 흘려보낼 때, 우리의 투자는 하나님 나라를 세우는 값진 씨앗이 됩니다.

5

부

주식투자 첫걸음을 위한 Q&A

개미 목사
현장 강의

Q. 투자를 위한 시드머니, 최소 얼마가 있어야 하나요?

많은 분들이 가장 먼저 던지는 질문이 바로 "투자를 시작하려면 최소 얼마가 있어야 하나요?"입니다. 어떤 이는 1,000만 원, 어떤 이는 3,000만 원, 심지어 1억 원은 있어야 한다고 말하기도 합니다. 왜냐하면 투자에서 수익률만큼이나 중요한 것이 종잣돈, 곧 시드머니의 크기이기 때문이지요. 예를 들어 100만 원으로 연 10% 수익을 내면 고작 10만 원이지만, 1억 원으로 같은 10%를 내면 무려 1,000만 원입니다. 똑같은 수익률이어도 결과는 100배 차이가

납니다.

이 때문에 많은 사람들이 '시드가 커야 의미 있는 투자'라고 생각합니다. 그러나 현실은 꼭 그렇지 않습니다. 한국예탁결제원이 발표한 2021년 자료를 보면, 전체 투자자 중 절반 이상(56.3%)이 1,000만 원 미만의 소액 투자자였습니다. 다시 말해, 대부분의 투자자들은 큰 시드를 쥐고 시작하지 않았다는 뜻입니다.

따라서 중요한 것은 얼마를 가지고 있느냐가 아니라 당장 시작하고 꾸준히 이어 가는 습관입니다. 요즘은 소액으로도 충분히 투자를 시작할 수 있는 환경이 마련되어 있습니다. 예를 들어 국내상장 S&P500이나 나스닥100 ETF는 1주당 약 2만 원대, 즉 치킨 한 마리 값이면 매수할 수 있습니다.

게다가 요즘은 대부분의 증권사에서 소수점 거래를 지원합니다. 소수점 거래란 주식을 반드시 1주씩 사야 하는 것이 아니라, 0.1주나 0.01주처럼 일부만 나누어 살 수 있게 해주는 서비스입니다. 덕분에 애플 주식이 250달러여도 단돈 1달러(약 1,400원)로, 삼성전자 주식이 10만 원이 넘더라도 1,000원으로 당장 세계적인 기업의 주주가 될 수 있습니다.

또 하나 예를 들어 볼까요? 어느 기사를 보니 직장인 한 달 평균 커피값 지출이 약 10만 원이라고 합니다. 이 가운데 절반을 줄여 매달 5만 원을 S&P500 ETF에 30년간 적립식으로 투자한다고 가정해 보겠습니다. 복리의 힘은 놀랍습니다. 모은 돈이 쌓이는 데서 그치지 않고, 그 돈이 수익을 만들고, 그 수익이 다시 또 다른 수익을 낳습니다. 그렇게 시간이 흐르면 30년 뒤 최종 금액은 무려 1억 원이 넘게 됩니다.

특히 월급이 많지 않은 분들에게 적립식 투자는 가장 현실적이고 강력한 방법입니다. 예를 들어 매달 10만 원씩 20년간 S&P500 ETF에 투자한다고 하면, 원금만으로도 2,400만 원이 쌓입니다. 여기에 연평균 10% 수익률을 가정하면 6,000만 원 이상으로 불어납니다. 이처럼 시드머니가 크지 않아도 충분히 의미 있는 성과를 만들 수 있는 것이 오늘날 주식시장이 지닌 대표적인 장점입니다.

결국 중요한 것은 목돈이 쌓일 때까지 기다린 뒤 투자하는 것이 아니라 다가올 미래를 책임 있게 준비하기 위해 '오늘'부터 한 걸음을 내딛는 것입니다. 다만 의료비와 경조사비 같은 긴급자금은 반드시 따로 확보해 두어야 합니다. 그 후 감당할 수 있는 범위 안에서, 적금을 붓는 마음으로 자동이체를 설정해 보십시오. 이 단순한 원칙이 지켜질 때, 가장 현실적이고 흔들리지 않는 투자 여정이 시작됩니다.

Q. 미국이 망하면 어떡하죠? 그리고 앞으로도 연평균 10% 성장이 가능할까요?

이 책에서 주요 투자처로 미국 시장을 추천하는 이유는 결코 제가 친미주의자라서가 아닙니다. 앞서 설명했듯이 개별 종목 투자는 평범한 개미 투자자가 감당하기에는 정보 접근성의 한계와 높은 변동성이라는 큰 위험이 뒤따릅니다. 따라서 가장 합리적인 대안은 시장 전체에 분산투자하는 인덱스펀드입니다. 그리고 그 대표적인 지수가 S&P500과 나스닥100이기에 미국 ETF를 추천하는 것입니다.

그럼에도 불구하고 미국의 성장이 앞으로도 계속 이어질지에 대해서는 한번쯤 짚고 넘어갈 필요가 있습니다. 이 질문에 답하기 위해서는 미국만 바라보는 것이 아니라 주요 신흥국과 유럽의 상황을 함께 비교해 보는 것이 필요합니다.

먼저 중국은 거대한 내수시장과 텐센트·알리바바·샤오미 등 대표 기업들의 글로벌 존재감이 강점입니다. 그러나 외국인 투자자에 대한 규제, 기업 지배구조와 정보 투명성의 한계, 국가 주도의 강한 통제라는 구조적 리스크가 여전히 상존합니다. 이러한 요인들은 장기적 관점에서 시장에 대한 신뢰를 약화하는 요소로 작용합니다.

인도는 인구 증가와 소비시장 확대라는 성장 잠재력이 돋보입니다. 그러나 글로벌 브랜드 경쟁력이나 첨단 기술력에서는 아직 미국과 상당한 격차가 있습니다. 또한 환율 변동성, 미비한 인프라 같은 구조적 한계도 무시할 수 없는 리스크입니다.

유럽은 명품 산업, 전통 제조업, 헬스케어 분야에서 여전히 강점을 유지합니다. 그러나 차세대 성장 동력인 AI, 반도체, 클라우드와 같은 첨단 산업에서는 미국보다 혁신 속도가 더딘 경우가 많습니다. 게다가 시장 규모 자체도 미국에 비해 작아 글로벌 리더십을 가진 혁신 기업이 나오기 어려운 구조적 한계를 안고 있습니다.

그리고 또 하나 살펴봐야 할 기준은, 지금 미국 정부와 민간 자본이 과연 어디에 집중적으로 투자하고 있는가입니다. 2025년 1월 21일, 미국은 '스타게이트'Stargate 프로젝트를 공식 발표했습니다. 챗 GPT를 개발한 OpenAI, 손정의 회장이 이끄는 SoftBank, 글로벌 데이터베이스·클라우드 기업인 Oracle 같은 세계적 기업들이 참여하는 이 프로젝트는 향후 수년간 최대 5,000억 달러(약 690조 원) 규모로 미국 전역에 초대형 AI 데이터센터와 전력 인프라를 구축하는 것을 목표로 합니다. 이미 텍사스주 애빌린 지역에 첫 번째 데이터센터 건립이 시작되었고, 이 과정에서 수만 개의 일자리가 창출될 것으로 예상됩니다.

이어 2025년 7월 23일, 미국 정부는 'AI 액션플랜'America's AI Action Plan을 발표하며 국가 차원의 AI 전략을 본격적으로 가동했습니다. 이 계획은 세 가지 축으로 구성됩니다. 첫째, 규제를 정비해 민간 기업들이 혁신할 수 있는 환경을 만드는 것, 둘째, 데이터센터·반도체 산업·전력망과 같은 필수 인프라를 강화하는 것, 셋째, 동맹국과 협력하여 국제무대에서 AI 표준과 기술 안보를 주도하는 것입니다. 다시 말해, AI를 개별 기업의 기술혁신에 머무는 문제가 아니라 국가 경쟁력을 좌우하는 핵심 동력으로 삼겠다는 선언이 지요.

결국 이 두 프로젝트는 미국이 향후 수십 년간 인공지능 분야에서 독보적인 우위를 유지하겠다는 의지의 표현입니다. 다시 말해, S&P500과 나스닥100을 대표하는 미국 기업들의 성장은 단순히 과거의 성과가 아니라, 이런 거대한 국가 전략과 민간 투자가 뒷받침하고 있는 현재진행형의 이야기입니다. 따라서 "앞으로도 미국 시장에서 연평균 10%의 성장이 가능할까?"라는 질문에 대해, 최소한 미국이 이를 위해 총력전을 벌이고 있다는 사실만큼은 분명히 말할 수 있겠습니다.

투자는 언제나 과거의 데이터를 근거로 삼습니다. 지난 10년, 50년, 100년의 흐름을 분석해 미래를 예측하려 하지만, 사실 미래는 누구도 알 수 없는 영역입니다. 내일 어떤 사건이 벌어질지, 어떤 위기가 찾아올지는 그 누구도 장담할 수 없지요.

그럼에도 우리가 미국 시장을 주목하는 이유는, 미국의 혁신과 성장 동력은 단기 사이클이 아니라 장기 구조에 기반해 있기 때문입니다. 인공지능, 클라우드, AI반도체, 바이오, 국방·에너지와 같은 차세대 산업의 중심에는 여전히 미국 기업들이 있습니다. 게다가 세계 시가총액 상위 10대 기업 중 8개가 미국 기업이라는 사실은, 미국의 경쟁력이 과거의 기록이 아니라 지금도 시장을 움직이는 핵심 동력임을 분명히 보여 줍니다.

따라서 진짜 리스크는 '미국이 언젠가 흔들리지 않을까?'라는 두려움이 아니라, 그런 우려 때문에 아예 투자하지 않고 기회를 놓치는 것입니다. 미래는 불확실하지만, 혁신을 멈추지 않는 미국 시장에서 장기적인 기회가 여전히 열려 있다는 사실만은 꼭 기억해 두면 좋겠습니다.

Q. 고점인데 지금 사도 되나요?

2025년 미국 증권시장은 그야말로 롤러코스터였습니다. 4월, 트럼프 2기 행정부의 상호 관세 충격은 시장을 공포로 몰아넣었고, 이때 S&P500은 고점 대비 21.3%, 나스닥은 26.8%까지 폭락했습니다. 하지만 놀랍게도 불과 넉 달 만에 낙폭을 모두 회복했고, 하반기에는 다시 사상 최고치를 경신하며 질주했습니다.

이와 같은 흐름 속에서 투자자라면 자연스럽게 이런 고민이 떠오릅니다. "지금은 너무 고점 아닌가? 조금만 기다렸다가 사야 하지 않을까?" 겉으로는 그럴듯해 보이지만, 사실 여기에는 중요한 착각이 숨어 있습니다. 바로 시장의 '고점'과 '저점'을 미리 알아맞힐 수 있다는 생각이지요. 그러나 실제로는 누구도 그 시점을 정확히 맞출 수 없습니다. 오히려 기다리다 기회를 놓치고, 다시는 오지 않을 가격을 뒤늦게 바라보며 후회하는 경우가 더 많습니다.

이 점을 잘 보여 주는 자료가 있습니다. 미국의 자산운용사 캐피털그룹Capital Group은 S&P500 지수를 기준으로 2001년부터 2020년까지 20년 동안 매년 10,000달러를 투자한 두 가지 시나리오를 비교했습니다.

- 최저점에만 투자했을 때: 연평균 약 12.25% 수익률
- 최고점에만 투자했을 때: 연평균 약 10.54% 수익률

놀랍게도 두 경우의 차이는 고작 1.71%p에 불과했습니다. 다시 말해, 최악의 타이밍으로 투자했더라도 장기적으로는 복리의 힘 덕분에 충분한 성과를 거둘 수 있었다는 것이죠. 반면 "타이밍을 보겠다"며 시장에 들어오지 않고 현금을 쥔 채 머문 사람은 아예 그 복리 효과를 누릴 기회조차 잃어버렸습니다.

결국 투자의 핵심은 '완벽한 타이밍'을 맞추는 것이 아니라 '시장에 머무는 시간'입니다. 당장은 남들보다 비싸게 산 듯 보여도 꾸준히 장기적으로 투자한다면, 복리의 힘이 우리를 더 큰 수익으로 이끌어 줄 것입니다.

그래서 가장 현명한 투자법은 타이밍을 재지 않는 것입니다. 오

늘 시장이 최고점처럼 보여도 두려워할 필요가 없습니다. 역사를 돌아보면, 그날의 고점은 시간이 지나 과거의 저점으로 바뀐 경우가 대부분이었습니다. 중요한 건 '언제 사느냐'가 아니라 '얼마나 시장에 오래 머무느냐'입니다.

따라서 미국 시장의 장기적 우상향을 믿는다면, 지금이야말로 가장 싼 가격으로 매수할 수 있는 찬스입니다. 오지 않을 버스를 기다리며 망설이기보다, 오늘부터 꾸준히 투자하는 습관을 시작해보십시오. 특히 전략편에서 다룬 월 적립식 투자를 실천한다면, 고점과 저점에 일일이 신경 쓰지 않아도 장기적으로 시장 평균 수익률을 자연스럽게 누릴 수 있습니다.

Q. 포트폴리오는 어떻게 구성하나요?

미국 대표지수 ETF 투자의 핵심은 안정성과 성장 사이에서 균형을 어떻게 잡을 것인가에 달려 있습니다. S&P500은 미국 경제 전반을 담아 안정적인 성과를 추구하는 지수이고, 나스닥100은 빅테크 중심으로 성장 잠재력이 크지만 그만큼 변동성도 큰 지수입니다. 따라서 투자자는 자신의 투자 성향과 나이에 맞춰 두 지수의 비중을 조절할 수 있습니다.

1. 투자 성향에 따른 비중

- **안정성을 중시한다면:** S&P500 비중을 높여 7:3, 8:2 정도로 가져가는 것이 좋습니다. 시장 전체의 성장 흐름을 따라가며 꾸준한 수익을 기대할 수 있고, 큰 폭의 변동에도 마음이 비교적 편안합니다. 마치 든든한 뿌리를 둔 나무처럼, 안정적인 기반 위에서 장기적인 투자를 이어 갈 수 있습니다.

- **성장을 추구한다면:** 나스닥100 비중을 높여 6:4, 7:3 정도로 구성할 수 있습니다. 빅테크 기업들은 빠르게 성장하는 만큼 하락 또한 급작스럽게 찾아오는 경우가 많습니다. 그렇기에 장기적 관점과 더불어 시장의 변동성을 감내할 수 있는 심리적 준비가 꼭 필요합니다.

- **균형을 원한다면:** 5:5 비율로 가져가는 것이 가장 직관적입니다. 이 방식은 '안정성과 성장 중 무엇을 포기할지 고민하지 않아도 된다'는 장점이 있습니다. 초보 투자자나 성향이 명확하지 않은 분들에게 적합한 접근이죠.

2. 나이대에 따른 비중

- **20~30대:** 시간이 가장 큰 자산인 시기입니다. 변동성을 감내할 수 있으므로, 나스닥100 같은 성장형 ETF 비중을 크게 가져갈 수 있습니다. 예를 들어 4:6 또는 3:7(S&P500:나스닥100) 구성이 가능합니다. 지금의 하락은 설령 지금이 하락장

이라도 장기적으로는 기회가 될 수 있습니다.

- 40~50대: 자산을 불리면서도 안정성을 점차 고려해야 하는 시기입니다. 따라서 S&P500과 나스닥100을 6:4 또는 5:5로 배분하는 것이 적절합니다. 성장성과 안정성의 균형을 모두 챙길 수 있는 구간이죠.

- 60대 이후: 은퇴 후 생활비가 중요한 시기이므로 안정성이 최우선입니다. 전통적으로는 주식 60%, 채권 40%를 권장해 왔지만, 최근에는 채권 비중을 60% 이상으로 늘리고 주식 비중은 40% 이하로 조정하는 추세입니다. 안정형 투자자에게는 주식 20~40%, 채권 60~80%의 구조를 권장합니다.
이렇게 보면 은퇴 이후에는 S&P500처럼 상대적으로 변동성이 낮은 ETF의 비중을 최소한으로 유지하고, 나머지는 미국 국채 ETF(TLT, IEF, SGOV 등)와 같은 안전자산에 배분하는 것이 가장 현실적인 접근이라 할 수 있습니다.

Q. 투자 관련 유튜브, 봐도 되나요?

가끔 어떤 분들이 이렇게 묻습니다. "목사님, 뭘 사면 좋을까요?" 이 질문을 들을 때마다 제 첫 투자 시절이 떠오릅니다. 저 역시 선배 투자자들에게 똑같은 질문을 던졌으니까요. 그만큼 투자 경험이 부족할 때는, 누군가 확실히 짚어 주길 바라는 마음이 앞서기 마련입니다.

하지만 결론부터 말씀드리자면, 스스로 확신하지 못한 종목에 투자하는 것은 실패로 이어질 가능성이 매우 큽니다. 주가가 오를 때는 누구나 기뻐하며 주식을 들고 있을 수 있습니다. 그러나 반대로 20%, 30%, 심지어 50% 이상 폭락하는 순간이 찾아오면 이야기는 달라집니다. 기업에 대한 충분한 공부와 확신이 있는 사람은 회복을 기다리며 그 시간을 버틸 수 있지만, 그렇지 못한 대부분의 사람들은 공포에 휩싸여 손해를 감수하고서라도 매도하게 됩니다. 결국 '확신 없는 투자'는 대개 손실로 마무리되고 맙니다.

이와 비슷하게 또 많이 받는 질문이 있습니다. "목사님, 투자 관련 유튜브 채널을 추천해 주실 수 있나요?" 요즘 유튜브에서 '주식, 투자'라고 검색하면 끝도 없이 영상이 쏟아집니다. 그러나 솔직히 말씀드리면, 그 대부분은 자극적인 썸네일과 종목 추천, 단기 전망으로 시청자를 끌어들이고 결국 유료 멤버십으로 유도하는 구조를 갖고 있습니다. 물론 그들이 활용하는 자료가 증권사 리포트나 시장 데이터일 수도 있습니다. 하지만 그것을 해석하는 방식은 어디까지나 개인의 관점일 뿐, 결코 정답이 될 수 없습니다.

실제로 인베스팅닷컴 Investing.com 같은 글로벌 금융 플랫폼을 보면, 대형 기업의 목표 주가를 제시하는 애널리스트만 해도 40~50명에 달합니다. 이들은 JP모건, 골드만삭스, 모건스탠리 등 월가의 대표적인 금융기관 소속 전문가들입니다. 그런데도 이들이 내놓는 전망은 제각각입니다. 누군가는 "앞으로 더 오른다"라고 하고, 또 다른 이는 "곧 떨어진다"라고 하지요. 이처럼 월가의 최정상급 전문가들조차 전망이 엇갈리는데, 하물며 한 유튜버의 분석에 기대어 투자 결정을 내리는 것이 얼마나 위험한 선택이겠습니까?

그래서 저는 종목 추천을 앞세우는 유튜브 채널은 절대 권하지 않습니다. 그 대신 제가 참고하는 채널은 따로 있습니다. 바로 〈매일경제〉와 〈한국경제〉 같은 국내 경제 언론사가 운영하는 "매경 월가월부", "한경 글로벌마켓" 같은 채널입니다. 이 채널들의 특징은 뚜렷합니다. 개별 종목에 대해 '사라, 팔라'는 식의 매수·매도 의견을 내지 않습니다. 다만 현재 시장이 어떤 흐름 속에 있는지 보여주고, 글로벌 자금의 움직임과 주요 경제 뉴스를 객관적으로 전달하는 데 집중합니다.

저 역시 이 채널들을 틈틈이 시청합니다. 다만 단기 매매가 아니라, 시장을 바라보는 안목을 기르고 투자자로서의 큰 그림을 배우기 위해서입니다. 이런 관점으로 접근해야 순간적인 종목 추천에 흔들리지 않고 장기적인 투자 철학을 지켜 갈 수 있습니다.

결국 중요한 것은 '누가 어떤 종목을 추천했는가'가 아니라, 내가 어떤 원칙과 확신을 가지고 투자하느냐입니다. 그런 의미에서 유튜브는 학습의 도구로는 유용할 수 있지만, 최종적인 투자 의사결정의 근거가 되어서는 결코 안 됩니다.

Q. 그래도 개별 주식을 사고 싶은데, 어떻게 하면 좋을까요?

실제로 세미나 Q&A 시간에 많이 받는 질문인데요, 전체 자산을 인덱스펀드에 100% 투자하는 것이 가장 안정적인 방법이긴 합니다. 하지만 이럴 경우, 투자 과정이 조금 밋밋하게 느껴질 수 있죠. 이건 단점이라기보다, 어쩌면 아쉬움에 더 가깝습니다.

평소 관심 있게 지켜보던 기업의 제품을 직접 써보고 응원해 온 회사 주식을 실제로 매수해 그 성장 과정을 함께 지켜본다는 건 수익률을 넘어선 즐거움을 줍니다. 주가가 오를 때의 짜릿함보다, 내가 선택한 기업이 세상에서 제 몫을 해내는 모습을 보는 뿌듯함, 그건 숫자로 환산할 수 없는 감정이죠.

하지만 여기서 현실적으로 중요한 건 '얼마나 벌 수 있느냐'보다 '얼마나 버틸 수 있느냐'입니다. 많은 개인 투자자들이 개별 종목 투자에서 손실을 보는 이유, 알고 계신가요? 바로 애초부터 불리한 심리전에 뛰어들기 때문입니다. 충분한 공부 없이 매수한 기업이 시장의 충격으로 흔들릴 때, 만약 그 안에 감당하기 어려운 금액이 들어가 있다면 판단력은 금세 흐려집니다. 공포가 이성을 앞지르고, 결국 손실을 견디지 못해 주식을 팔 수밖에 없게 되죠.

그래서 저는 늘 이렇게 이야기합니다. "좋아요, 개별 주식을 사고 싶다면 한번 해보세요. 다만 한 가지 약속을 하세요. 절대 처음부터 무리하지 말고 전체 자산의 5~10%부터 시작하는 겁니다." 이건 조언을 넘어 여러분의 자산과 멘털을 지키기 위한 현실적인 안전장치입니다.

예를 들어, 내가 가진 투자금이 100만 원이라면, 그중 10만 원, 500만 원이라면 50만 원, 1,000만 원이라면 100만 원 정도만 개별 종목에 투자해 보십시오. 내가 공부하고 예측한 대로 수익이 나면 좋고, 그렇지 않더라도 분명 배울 것이 있습니다. 만약 기업이 실적 부진으로 흔들리거나 시장에 예상치 못한 경제 위기가 찾아와 주가가 반토막이 나더라도, 손실 금액은 각각 5만 원, 25만 원, 50만 원 정도에 그칠 겁니다. 물론 아쉽긴 하지만, 인생이 흔들릴 만큼 치명적인 수준은 아니죠.

게다가 주식을 팔지 않았다면, 그 손실은 아직 확정된 것이 아닙니다. 성장 가능성이 있는 기업이라면 조급해하지 말고 차분히 기다려 보십시오. 언젠가 회복의 시간을 지나 다시 수익 구간에 들어설 수도 있습니다. 무엇보다도 그런 과정을 통해 시장의 흐름을 배우고, 나의 투자 성향을 파악할 수 있습니다.

처음부터 자신의 그릇을 넘어서는 큰 금액을 투자하면 감정이 먼저 움직이기 마련입니다. 손실이 조금만 나도 불안하고, 뉴스 한 줄에도 마음이 요동칩니다. 국내 주식 투자자는 일과 중에도 시세창을 계속 확인하게 되고, 미국 주식 투자자는 밤마다 마음이 불안해 쉽게 잠들지 못합니다. 하지만 전체 자산의 5~10% 정도만 투자한다면 이야기가 달라집니다. 심리적으로 조급해하지 않고, 기업의 흐름과 산업의 방향을 배우며 여유 있게 투자할 수 있습니다. 설령 손실을 보더라도 그것은 값진 수업료로 남고, 수익을 보더라도 스스로를 돌아보며 겸손을 잃지 않게 됩니다.

개별 주식에 투자하고 싶어 하던 한 목사님께 이 가이드를 말씀드렸더니, 나중에 이렇게 고백하더군요. "목사님, 제가 개별 주식을 직접 해보니까요, 시장의 변동성을 감당할 그릇이 안 되는 것 같아요. 저는 안정적인 ETF 투자가 성향에 더 맞는 것 같습니다."

정리하자면, 투자는 결국 자기 자신과의 싸움입니다. 시장의 흐름을 읽기 전에, 먼저 내 그릇의 크기를 아는 것이 중요합니다. 내가 감당할 수 있는 금액, 손실이 나도 큰 타격 없는 범위, 그리고 잠이 잘 오는 투자, 이 세 가지 원칙을 지키는 것이 개별 주식투자에서도 장기적으로 승리하는 길임을 잊지 마세요.

지금까지 현장에서 가장 많이 받아 온 질문들을 모아 살펴봤습니다. 성경은 불확실한 시대를 사는 우리에게 이렇게 교훈합니다. "너는 아침에 씨를 뿌리고 저녁에도 손을 놓지 말라"(전도서 11:6). 나에게 주어진 속도로 꾸준함을 실천하며, 투자의 열매를 선한 일에 흘려보내려는 모든 개미 투자자들을 응원합니다.

개미 목사의 주식투자 첫걸음

누구나 따라 하는 크리스천 금융문맹 탈출 대작전

초판 1쇄 발행 2026년 1월 23일

지은이 장일
펴낸이 이현주
책임편집 이현주 이지든
디자인 유니드

펴낸곳 사자와어린양
출판등록 2021년 5월 6일 제2024-000050호
주소 (03445) 서울시 은평구 은평터널로 159, 1층
전화 010-2313-9270 **이메일** sajayang2021@gmail.com

ⓒ장일, 2026

ISBN 979-11-93325-20-9 03230

✛ 사자와 어린 양이 뛰놀고 어린이가 함께 뒹구는 그 나라의 책들 ✛